続2012年
地球人類進化論

LOHAS

Light Origin Human Ascension System

アインソフ 永遠の中今に生きて

白峰

(NAKAIMA)

明窓出版

協 力

続　2012年地球人類進化論（ポアンカレ予想を越えて）

この本は拙著の「ダイジェスト」版であり、もっと詳しく内容を知りたい方は、それらの本を購入しないとわからないというトリックがあります。

地球環境や、社会現象の変化の速度が速い今だからこそ、この本を読んでいただき、魂の中に少しでも、情報でなく智慧として、学んでいただければ光栄です。

私は、風水師（環境地理学博士）として、いろいろな社会現象を見てきました。

アセンション★ミロクの世★時元上昇★地球大改革★岩戸開きetc.

いろいろな言葉や情報が飛び交う中で、「人類の魂が目覚めるユビキタス（神が偏在する）」な時間が、2012年からスタートします。

正直、私はノーベル賞受賞者でも、国家元首でも、有名作家でも、映画監督でもありません。

されど人生の中で、このテーマを基に12冊の本を出版できて光栄です。

この本の出版にあたり、常にご尽力を頂いた明窓出版の増本社長、麻生編集長に感謝申し上げます。

二〇〇八年八月八日
北京オリンピック開催記念

命は一代名は末代
丹青に垂る　白峰（中今悠天）拝

「今ここに生きてこそ」

歴史上のいかなる崇高なる人格も、偉大なる功業も、知る人がないままいつしか忘却の淵に沈んでしまうものではない。

共鳴し、共感する人があれば、彼らは死の冥闇の奥深くから千年の時空を越えて復活し、思いのたけを語るだろう。

だから、歴史に命を吹き込み復活させるのは、まさにあなた自身なのだ。

『まずは読んでみなはれ！』

２０１２年に向けて

明窓出版　編集長　麻生明輝名

「２０１２年問題」などと言われるようになって久しいが、当社にも読者さまからの多くのお問い合わせがある。

「２０１２年には、本当にアセンションが起こるのでしょうか？」
「その時、人類はどれほど生き残れるのでしょうか？」
「地球は、日本は、どうなっているのでしょうか？」

などなど。２０１２年、アセンションについては諸説あり、当社として一つの説を支持してはいません、著者の先生にうかがいたいことがありましたらお手紙などお寄せください、とお答えしているが、私個人としては、アセンションはあって良し、無くてもまた良しなのではないかと思っている。

白峰先生の御著書で繰り返し提唱されているように、大切なのは「中今」の意識である。

未来のことを憂いて不安を増幅させるよりも、今、この瞬間を大切に、精一杯、楽しんで生きることなのだ。落ち込んでいる暇など無いし、周囲の評価などを気にかけることもない。

2012年をいかに迎えるかは、私たち次第なのである。

また、白峰先生は、いつお会いしてもおおらかで剛胆な方である。一般的には不可思議と思われるようなお話も、これは小説ですから……、と飄々《ひょうひょう》とおっしゃられると、それもありかなと、すべてを受け入れる準備をさせていただける。柔軟な心、広い視野が持てることに、とても感謝している。

本書は、白峰先生が贈る、華々しいフィナーレである。

これまで発刊された本のエッセンスも、キラ星のごとく散りばめられている。

この本を手にとられた皆様に、中今感をますます強く抱いていただければ幸甚です。

目次

続 2012年地球人類進化論（ポアンカレ予想を越えて）「今ここに生きてこそ」

―2008年番外編―

福禄寿　金運と健康運

地球大改革と世界の盟主

風水国家百年の計

日月地神示

——宇宙戦争——

――地球維新・ガイアの夜明け前――

―新説2012年地球人類進化論―

アインソフ

２００８年番外編

＊この章は、2008年２月に行われたセミナーが基になっています。

ジュセリーノの預言とは

まずは、最近話題になっている、ジュセリーノさんというブラジルの予言者についてのお話です。

この方の本には色々な予言が書いてありますが、その中でも一番興味深いのは、2009年の1月25日に大阪で大地震がおき、50万人が被災するという内容です。

実際は、50万人ではなく、50万世帯が被災するということだそうです。ですから、50万世帯が平均で4人の家族としますと、200万人の方が被災するというわけです。

地震の規模は、マグニチュード7・9から8クラスだそうです。

地震の規模を表すマグニチュードというものは、一つ上がりますと破壊力が10倍になります。神戸の地震では、6・5くらいでした。

直下型の地震の場合、マグニチュード8クラスという地震が起きれば、ほとんど助かりません。

スマトラ島の地震はマグニチュード9・1でした。このエネルギーを水素爆弾に換算すると、実に二万発分に相当するのです。そのくらいの破壊力がありました。

衛星写真で現地の様子を見ますと、今でもスマトラの海底四千メートルのところに、ヒビが入った状態を確認できます。

２００８年秋から２００９年１月２５日前後までに、スマトラ地震の規模まではいかないにしても、大地震が起きる可能性があって危険ですよということを、ジュセリーノさんは言っているのですね。

地球の龍体が動く時期ですから、私は、マグニチュード５・５までは地球の生理現象として起きてくると考えています。このレベルくらいの地震は、ＯＫ牧場というわけですね（笑）

逆に、地震が起こらないで日本の地殻にひずみができることのほうが、好ましくありません。

この日本は、世界一の火山国でありながら、龍体になっているのですね。富士山を中心として、世界中の四つのプレートが重なっているのです。

最近また、富士山が噴火する可能性もあるのではないかと言われています。富士山はおよそ３００年周期で噴火するとされており、前回の１７０７年から３００年経っています。マグマの量からいうと、なんと東京ドームの４０万杯分もあるようです。

江戸時代に起きた噴火時のマグマの、７０倍にあたる量が溜まっているのです。

もし、これが今本格的に爆発したら、富士山は跡形もなくなってしまい、関東ローム層もろとも海に沈むのではないかという科学者によるデータも出ております。

しかし、そのような事にはなりません。エネルギーが一点に集中して噴き出さないように、富士山と関連した他の山々で、そのエネルギーを分散しています。

近年、七つ程の休火山が活発になっています。桜島などがそうです。ここも、噴火しましたね。

しかし、阿蘇が噴火するとなるとまずいのです。チベットのダライラマさんが阿蘇山に来て、地鎮、つまり噴火鎮めをしてくれましたので、現在は小康状態を保っていますね。その他にも、色々な流れがあります。

そして、ジュセリーノさんの予言ですが、これまでは95%も当たっていたそうです。

私は、海外においてはこの予言もあるかと思いました。けれども、この予言によると日本では東京も、名古屋も、大阪もダメになるということですから、日本が機能しなくなってしまいます。

予言の中には、今年1月の大雪というものがありましたが、ある風水師がその大雪をとめました。できる範囲でですが、実際それがあったからそれほどまでの大雪にはならなかったのです。

けれども、そのままほったらかしにしておいたら、2月になって大雪がありましたから、結局のところ、時期がズレただけだったということですね。

また、ジュセリーノさんは、アセンションというものを本に書いていないのです。

そこで私が東京に行った時に、知り合いが出版会社に電話して、白峰が質問があるから聞いてほしいということで手紙を出しました。ジュセリーノさんから頂いたお返事の手紙の中には、地球の環境問題のほうが優先事項ですとありました。

すなわち、アセンションが本当にくるのであれば、地球環境が完全にクリアできている状態であるはずで、今の状態では環境破壊が地球の75%もあるので、残念ながら破壊エネルギーのほうが強いということなのです。

そのため、ご自身の本ではアセンションという言葉は使っていないとのことでした。

また、アセンションという言葉に対して、あなたはどんなイメージを持っていますかと聞きました。すると、ビジョンが二つ見えるということです。

一つは、人間が二分化している様子です。

それは、天に近い人と、地に残る人――インディゴと呼ばれるニュータイプの人達と、既存の生活習慣と価値観で生きている人、それが2010年以降は、はっきりと分かれていくという姿がビジョンとして見えるのだそうです。

それからもう一つ、宇宙的なエネルギーを持った人が覚醒の一歩手前の段階として、自覚するようになるのが２０１２年ではないかということでした。

他からも、人類の意識がこんなにも荒廃しているのに、アセンションなんてないのではないかという声が出ています。私もそうだと考えています。

１５年前から研究をしてきましたが、アメリカ政府や、世界政府といった組織とやりとりをしている中で、１９６０年代で、すでに２０万人の人間を地下に格納する計画があると聞きました。通常は、格納という言葉は人に対して使いませんが、人を地下に格納すると確かに言っていました。

放射線に曝《さら》されたりしても、人類を種として残そうという計画が、約５０年前に国家レベルであったということなのです。今では、そのシェルターの収容人数は２００万人にもなるそうですが、保存してある食料を考えると、実際の収容人数は５０万人とも言われています。

この計画、当時はソ連という国がありましたので、ソ連とアメリカが核戦争になった時に備えて、作る必要があったそうです。これが**レベル１**です。

そして、核戦争が起きた場合に放射線による汚染が発生しますので、その被害から逃れるという目的が**レベル2**です。

さらに、隕石が地球に落下したときの対策が**レベル3**なのです。

レベル4は、地球規模の化学兵器によるウィルス汚染、例えば鳥インフルエンザのようなものが空気感染する場合のシェルターとなります。

そして、**レベル5**は、宇宙存在が地球に侵入してきたときのための対策だそうです。ケネディ元大統領が書簡で残しましたように、1960年代という時代と、そのもっと前から、アメリカ合衆国は宇宙人と実験的に協定を結んで、いろいろな試みをしてきました。

ここ100年の近代史における80%の技術は、みなさんが使っているコンピューターやインターネット社会も含め、地球から発生した文化ではなく、宇宙からの文化を地球に入植したということです。

それによって、今の社会があるのですね。それの最たるものがユビキタスです。この言葉には、神の如く遍在するという意味があります。これは、シリウスという星からおろされた、システムの一つなのです。

ジュセリーノさんの予言には、2046年くらいに地球人類の8割が生存不可能な状態になっているだろうとあります。

スイスの世界政府本部の地下には、２０２６という数が掲げてあります。ここには、一般人は入ることはできません。地下7キロの地点にあります。

岐阜の神岡には、ニュートリノの実験施設があります。ここが地下1キロです。地下7キロだと、太陽光線はほとんど入りません。地下4キロより深い地点では、暖かくなります。マグマに近づきますからね。その、快適な亜熱帯に近い空間に、基地があるのです。

地球シミュレーターが未来を予測する

さて、先の２０２６という表示は、２００２年に掲げられました。それまではそのような表示はありませんでした。

地球シミュレーターというものがあるのですが、世界の最先端のコンピューターを何台も繋いだもので、情報処理能力がとても高いのです。これによって、地球の環境を今後50年、100年にわたってシミュレートできるそうです。

そこで、１９５０年までさかのぼって、戦争が地球環境にどれほどの影響をおよぼしたかということを、統計学、応用物理学、量子力学、そして、高度心理学という学問によって計算しました。

　高度心理学とは、例えば、戦争時には人の心理はどのようになって、どのように死んでいくかということや、生き残った家族はどういった心理状態で生きていくか、そうしたことで意識エネルギーがどれだけ下がるのかといったことを追求する学問です。

　つい最近では、９１１事件によって、地球人類の集合意識がどれだけ下がって影響があったかということを計算させたのです。そこから得られた情報によると、今から１００年後は、人類というものは存在しないそうです。測定不可能なのです。５０年後もまた、測定不能なのです。そのコンピューターがはじき出せたのは、２０２６年まででした。

　そこで、中国の環境汚染問題や温暖化問題など、地球の大気についてや、燃料や食料に関する悪条件を、段階的に緩くしてみました。しかし、最も緩くしても、２０５０年までは存続できないのです。ギリギリの最後は、２０３７年です。

　つまり、最先端のコンピューターで地球のあらゆる問題を計算すると、地球はあと約20年しかもたないということです。それが、世界政府のメンバーが出した答えなのです（だからこそ2012年のアセンションは大切）。

　ここで、おもしろいことがわかります。ジュセリーノさんの２０４６年人間不在説ですが、それまでにはまだ４０年近くの時間があります。

しかし、この計算には間違いがあります。気温がどんどんと上昇していって、例えば５０℃とか６０℃を超えたりしたら、果たして人は生活していけるでしょうか。答えは、無理です。気温が４１℃を超えると呼吸困難になり、４５℃を超えると呼吸不全になります。そして、４８℃を超えると生命維持できないのです。ですから、ジュセリーノさんのいう２０４６年を待たずに、人は皆死んでいるということになりますね。

一方、ロシアには－《マイナス》３０℃や－《マイナス》６０℃という気温の地域がありますが、人間が最も冷たいと感じる温度は、－《マイナス》８℃だそうです。－《マイナス》１２℃を超えると、痛みに変わります。ロシアの－《マイナス》６０℃などという地域においては、ミサイルの発射装置コンピューターのゲージが凍結して、４ヶ月の間、ミサイルが発射できなかったそうです。

さらに、－《マイナス》６５℃の環境で呼吸すると、心臓が止まるそうです。それによって、二万人くらいの人が凍死していても、ロシアでは発表しません。

ちなみに、アフリカのある地域で気温が４６℃だったことがありました。

2002年からの6年間で、このように地球のある地域とある地域の気温の温度差が、100℃を超えた記録が4回もあったのです。

ジュセリーノさんは、スマトラ沖大地震やチェルノブイリの原発事故、そして東京地下鉄サリン事件、ダイアナ元皇太子妃の事故、ゴア大統領のノーベル賞受賞、911テロなどを予言しました。

では、予言していたのに、どうしてテロなどを防げなかったのかと思いますね。実は、これらは、事件の後に手紙を開封してわかったことなのです。

彼の面白いところは、公証人役場に行ってこれらの予言の手紙を預けているということです。予言的中した事象が、2007年1月現在で88430件あるそうです。

さて、ジュセリーノさんが、他にも日本の地震を予言していますので紹介します。名古屋の東南海地震は、伊勢・熊野にずれるのですね。東京は、川崎の沖合でM5・6くらいです。これは小規模ですから被害は少ないですが、水は出なくなるかもしれません。

彼の本の中で、これは起きて欲しくないという予言が三つあります。一つは、富士山の噴火です。日時はわからないけれども、近い将来ということでした。

ジュセリーノさんはブラジル人ですから、私はブラジルの友人に連絡して、ブラジル人の言う「近い将来」はどのくらいをいうのかと聞きましたら、半年から二年後だと教えてもらいました。たぶん、一年半くらいではないかと言っていました。

しかし、日本を守る富士山ですから、私の立場としては、富士山が噴火しないように仕事をします（賞味期限付きですが・笑）。

二つ目に、２０１０年の株式市場の崩壊、ニューヨークの株式市場が暴落し閉鎖、それと同時に、世界中の株式市場がすべて閉鎖されるというシナリオです。

そのようになれば、みなさんの株資産は3割しか戻りません。その後、復旧しても三分の一になってしまうということです。その上で換金もままならないという状態が起こると予言しています。

洞爺湖サミットがなぜ行われたのか、本当の理由を知っていますか？

２００2年までは、日本の龍体は九州側を頭にしていました。その場合、肛門にあたるところは東京でした。今はというと、北海道側が頭になっています。この場合の肛門は、大阪です。

そして、洞爺湖サミットを境にして、この龍体の機能が本格的に動き出します。日本のエネルギーの良いものも悪いものも、肛門である大阪に出てくるというわけです。揺れもそうです。肛門に近いところが揺れやすくなってしまうという、これが龍体理論の一つです。

このところ、東京は助かるのかと気にする人が増えていますが、では、現在の東京のエネルギーを測定すると、地震波は四割減っています。四割減った分、富士山に二割、残りは大阪と東南海に行っています。

ですから、今後地震の警戒が一番必要なのは、大阪のウォーターフロントですね。ジュセリーノさんの予言通りの地震が来たら、関西空港は最悪の場合、海に沈むでしょうね。

彼の本の中で５０万人が死ぬとあるのですから。よっぽど大きな地震です。だいたい、神戸の３０倍の規模ですね。私も調べましたが、この大阪地震は６５～７０％くらい来るようです。ちなみに、名古屋に地震が来ても、死者は非常に少ないようです。ですから私は、この被害を最小限にしたいのです。

国にも対策を要請しましたし、橋下知事にも手紙を書きました。ただ手紙を出しただけでは捨てられてしまうかもしれないので、橋下知事のお世話になっていたある方の名前で出しました。

これらはすべて、被害を小さくしたいという気持ちでやっているのですよ。私の活動によって、被害にあってしまったかもしれない５０万人の人々が、１万人になればいいですよね。もちろん、１万人でもたいへんなことですが。

ハリウッド映画の今後

次は、映画のお話です。ハリウッドで活躍しているホイットニー・ストリッパーという監督ですが、アセンションをテーマにした映画を、2010年に作ってくれるそうです。

私は5年前からこの方に、映画を作ってほしいと手紙を出していました。宮崎駿さんとか、角川さんにも、アセンションを題材にした映画を作ってくれと言っていました（ハリウッドの方が早いですね）。

世界規模で公開される形で、有名で力のある監督に作ってもらえないかと思って手紙を出していたら、作ってくれることになりました。

しかも今回の映画は、一本では終わりません。三部作で作られるそうです。すなわち、2010年から2012年の間に、アセンションというものをテーマにした世界規模で発表される映画が、三本も作られるということです。

これがどういうことなのかというと、どうやらアセンションというものは、小説ではなくて実際に起こりそうですよということなのです。映画を何百万人もの方が見ることによって、影響が現れるのではないかと考えています。

しかし、惜しむらくは、本当はすぐにでも映画を作って欲しいのですね。映画の製作には2、3年かかりますからね。

2010年というのは、アメリカにとってたいへんな時期なのです。その時に映画を上映するということは、見られる人が何人いるかなと思いますけれども、啓蒙活動としては素晴らしいことです。

忍者ローンことサブプライム

ここで、サブプライムの話をしたいと思います。サブプライムとは、サブプライム・ローンのことですが、日本円にすると年収約400万円以下の収入であっても、2000万円から3000万円する物件、不動産を購入する人たちにお金を貸すものです(本当は無収入でも、無取得でも、OK牧場。ここが問題)。

これは、オフレコの話なのですが、日本政府発表の日本の金融機関のサブプライム問題による被害額は、五兆円といわれています。しかし、リーマンブラザーズなどの外資系金融機関のナンバースリーの知り合いに聞くと、それは間違った情報だそうです。実際の被害は、50兆円くらいあるのだと言っています。

そして、ジョージ・ソロスなどの有名投資家は、500兆円もの被害があると言っているのです。実際に、先物取引だとか投資ファンドをしている人はもっと多いと言っています。

例えば、2000万円で買った家が5年後に、3・2倍の6400万円になっています。するとここで、差し引き4400万円分の銀行の貸し出し与信枠が得られます。

ここで、普通の人であれば売却してローンを完済しようと思うでしょう。しかしアメリカの場合、銀行はそうさせてはくれません。与信枠があるのだから、車を買ってください、株を買ってくださいと勧めていきます。

そのうちに、周りもみんなそれに習うようになってきて、さらに3000万円くらい借金してしまうのです。そうすると、5000万円のローンを組んだことになりますね。これが、ある日パンクしてしまったのです。

今はどうなったかというと、元々2000万円の物件が1500万円くらいに値下がりしていますから、3500万円の赤字です。これが、サブプライム問題の仕組みなのです。

問題は、これだけではありません、株や車などの他の投資やクレジットにも、関わっていきます。今では20人に1人の割合で、家を追い出されています。アメリカ大統領選挙が終われば、これが10人に1人の割合になるでしょう。最後は、5人に1人になります。

アメリカの人口は日本の約2・5倍ですから、2億5000万人くらいいるのですね。その中で、サブプライムローンの影響があるのが220万世帯です。

ですから、東京都と同じくらいの人が、何千万円もの借金を抱えたということなのです。価値の下がった物件を、銀行は買ってくれません。他の人も買いません。全部、不良債権となってしまいます。

そして、これらの債権を担保に、数十倍の金額として取引しているハゲタカファンドもあるのです。ですから、500兆円もの被害が出るのです。この影響で、中国の株も下がります。経済が連鎖的に狂っていきます。

ジョージ・ソロスは、アメリカ経済の35％もに影響をもたらすと言っています。日本においては、野村証券のアナリストは日本経済への影響は7％くらいだと言っています。アメリカ経済への影響は25％で、世界経済への影響は、20％だそうです。そして、この損失は元に戻らない、すなわち、バブル崩壊が起きたということです。当然、中国経済や日本経済にも、影響を及ぼしますね。

日本でも、高齢者の投資向けに、４００万円くらいの不動産物件を担保に、３００万円くらいを貸そうというものがあったのですが、無くなりました。私の友人も、アメリカから日本に引っ越してきました。

大統領選挙が終わるまでは、本当の被害額は表にでません。ブッシュ大統領も、次の大統領に押しつけてしまおうと思っていますから。

私は、次の大統領はクリントンさんがなっても、オバマさんがなっても、一緒だと思っていました。表向きは戦っているように見えますが、お金を出しているスポンサーは、どちら陣営も同じですからね。

NINJAローン（忍者）

表に出せない隠れ貸し付けを行う

A　ノーインカム（無収入）		
B　ノージョブ（無職）	＞	三無主義でもＯＫ牧場
C　ノーアセット（無資産）		

ＩＭＦは当初８０００億ドル（７８兆円）と見ていたが、米議会経済委員会は２兆３０００億ドル（２５３兆円）＋マーケットへ与える影響１００兆合計３５０兆円（郵政民営化の同額３５０兆円が消える）

今後さらに２２０万人の借り手がマイホームを買う。

期待されるＮＥＳＡＲＡ法の施行

ただし、もしオバマさんが大統領になったら、ＮＥＳＡＲＡ活動をしていくでしょう。２０１０年くらいから、米国議会や市民団体の活動によって、ＮＥＳＡＲＡ法は施行されていくのではないかと思います。

アメリカでは、このＮＥＳＡＲＡ法を応援している人が４０００万人いるようです。ではもし、クリントンさんが大統領になった場合はというと、クリントン元大統領ができなかったことをやったでしょう。

副大統領になるという予想もありますから、宇宙問題については発表するかもしれません。ゴア大統領とも仲が良いですから、地球の環境問題というものについて、中国に提案し、自分もノーベル平和賞をもらおうと思っています。

マケインさんが大統領になった場合は、共和党ですね。戦争をするという懸念もありますが、リスクを考えるとそうはならないと思います。

しかし、マケインさんが大統領になると、アメリカは変わりません。そして半年くらい後、リコール運動でまた選挙になります。その場合は、大統領は民主党から選出されます。

[＊ネサラとは（『世界を変えるＮＥＳＡＲＡの謎』ケイ・ミズモリ著　明窓出版刊）
「国民経済安全保証改革法」（National Economic Security And Reformation Act）の略。
２０００年３月９日に米国議会で秘密裏に可決され、同年１０月１０日に前クリントン大統領によって署名・承認されたという。しかし、米最高裁判所がその事実を公布前にもらさぬよう、厳しい緘口令を布いたため、世間には今日までその真相が知らされていない。
具体的に、ＮＥＳＡＲＡには次のことが含まれるという。
１　連邦準備制度（ＦＲＢ）を財務省が吸収・国営化し、為替相場の変動を抑える金本位制を採用する。
２　ＩＲＳ（米国国税庁）を解体して所得税（や資本利得税、遺産・贈与税）を廃止し、政府の歳入は、新設するNational Tax Serviceが定率の売上税（日本では消費税に相当して、税率は全州一律で１４％程度）から得る（新品商品に限定され、中古品や生活必需品には適用されない）。
３　憲法に準拠した法を回復する。
４　銀行の不正による救済策として、クレジット・カードやローンの負債を免除する。
５　現在の大統領と副大統領の辞任を必要とし、憲法に則った（ＮＥＳＡＲＡの）大統領及び副大統領が替わりとして時期選挙まで任命される。
6　任命された大統領は「平和」を宣言し、アメリカの攻撃的な軍事政策を終結させる。」

アセンション最新情報

さて、アセンションについての情報です。アセンションについては、みなさんができる保障はありません。世界の67億人が、全員アセンションできるということは絶対にありません。可能性としては、世界でも日本人は全員というのならばあり得ます。しかしそれであっても、私は多いと思っています。

私の意識でみていくと、まだアセンションできる人は10万人いませんね。そのうち、65%は二十歳以下の若い人たちです。俗にいう、インディゴと呼ばれる人です。彼らは生まれながらにしてニュータイプで遺伝子も違うし、価値観も違います。

今の雰囲気でいくと、アセンションで10億、20億、まして60億というのはありえません。良くても何千万人の世界です（がんばれ日本）。

アセンションについては、最大でも300万人で良いのではないかと上が言っています。最小は14万人で、そのうち日本人はと聞くと、8万4000人くらいでいいのではないかと言います（今現在が毎日楽しく、感謝に溢れていることが最低条件）。

では、アセンションとはどんなものですかというと、それは大学受験に似ているそうです。私はアセンションという大学に入学したい、**そして新しい世の中に参加して生きていきたいといった人が、参加すべきイベントなのです。**

アセンションでは地球が変容しますが、個人個人の問題でもあります。個人の意識変化から、スタートしていきます。

ですから、今まで通りの生活を望んで、老後は年金をもらって孫に見届けてもらってあの世に行く……と考えている人にはやってこないイベントです。

中には、なんの努力もせずに助かる人もいるんです。朝から晩まで何もしない人でも、残る人は残る。逆に、どんなに努力しても、残らない人は残りません。これは、エネルギーの法則で決まっているのです。

地球は、多次元構造です。地球がその昔、理想的な状態だった時には多次元でした。今、それが三次元になっているということは、人間の想念が地球を重くして、次元を下げたからです。

レムリアとか、アトランティスの時代は、人間も多次元の存在でした。人間が五次元化すると何が変わるのかというと、思考が変わり、行動が変わります。食生活が変わります。皆さんの中で封印されていたセンサー、つまり意識が、だんだんと開いてきます。

意識を高めさせる食とは

私は、山にいる時には3日で通常の一食分しか食べません。朝は水を飲み、日光を浴びるだけで、昼は飴を一つ食べ、夜はおにぎり一つです。そのようにして慣らしていくと、だんだんと胃が小さくなってきます。

初めは疲れやすいんですが、そのうちに体全体でエネルギーを作り出す体質に変わってくるのです。山にいますと、私は肺呼吸から皮膚呼吸になります。そうなると、入ってくる酸素の量が、普段の4倍から5倍くらいになるんですね。

脳にそのくらいの酸素がいくと、いままで眠っていたものも起きてきます。みなさんも、本来はそうなんです。でも、すぐには真似できませんから、まずは食事の量を減らしてください。一日五食の方は、せめて二食にしてくださいね。

サラリーマンは、栄養学的に三食のほうが体に良いとされています。しかし、私は二食にするようになって15年経ちましたし、山に行ってからの8年の間は、一週間ほとんど食べないということもあります。お酒も飲めなくなりますからね。

食事は、栄養価が高いものではなくて、エネルギーの高いものを少し摂るということが一番いいです。ですから、ご飯は茶碗一杯でいいのです。それをよく噛んで食べれば充分なのですね。そのかわり、味噌汁を多く飲んでください。乳製品はよくありません。卵は、あまりおすすめいたしません。今の卵には、あまりエネルギーがないですから。

そして、ぜひ食べて欲しいのは梅干しです。かつての忍者もそうですが、たった一つの梅干しで一週間生きていけますね。

人間というのは、唾液が出なくなると免疫が不全になるのです。したがって、飲まず食わずの状態でも、唾液さえ出ていれば、体の甲状腺の維持機能というのは守られるのです。梅干しというのは酸っぱくて辛いですから、体の生命形態のバランスをとってくれます（唾液と血液を浄化します）。

生まれたばかりの赤ちゃんは、唾液をたくさん出します。老人は痰がきれますが、唾液は脾臓で作られます。脾臓の粘液で宇宙エネルギーを物質化して、エーテル波になった状態が唾液なのです。

仙人は、水を飲めないときや食べないときは、つばを飲み込むのです。

逆に、健康状態の良い時は、唾液が分泌されます。現代においては歯槽膿漏など、歯周病の七割の原因は、唾液が出ないことで免疫が下がることによって起こっているのです。唾液が、どれだけ大切かということですね。人間が死ぬときには、口が渇いてきますしね。

痰はどこでつくられるかというと、喉仏でバランスをとっています。血液は、腸でつくられるといいますが、その命令センターは仙骨なのです。仙骨の髄と髄液というものがあふれてくるのです。

ですから、ガン等の病気になったことがある方は、口の中がとても乾いてきて、つばが出なくなったと思います。

次に、脳についてです。脳は、水の中に浮かんでいます。脳自体、ほとんど水でできていますから、水分を取り除いてしまったら、とても小さくなりますね。

そして、脳の中の水にどのような情報が入っているかによって、その人の能力などが決まってしまうそうです。

皆さんには、海水を飲むことをお勧めいたします。難しいなら、深層水に天然塩を混ぜて飲むのが良いですね。

人間の意識には、コーザル体という領域があります。コーザル体は気の世界であり、原子の世界とつながっています。海水は、このコーザル体と共鳴することができるのです。

地球上で唯一、三次元の物質としてエネルギーを媒介して、原子と繋がれるもの……、それは海水なのです。

ですから私は、海水からエネルギーも摂れるし、何でもできるのではないかと思っています。海水は、空間の情報もすべてもっています。海水はアストラル体ですから、感情の毒素や悪い想念のエネルギーも、すべて吸収します。エーテル体ともつながっています。

すなわち、アカシックレコードというものは海にあるのです。海水にすべての情報が入っている。その海水に近い成分をもつものが、人体では血液です。

そして、海のバランスを保った器官は、脳しかありません。ですから、脳を進化させるということや、意識を開くということについて、皆さんがお金をかけずに生活レベルでできることは、どこかの研究所やサークルの勉強会に行くことではなく、海水を飲むということなのです。天然の塩を水に溶かして、海水にしたものを飲んでください。

腸の話をします。腸内の酵素には、善玉と悪玉があります。アトピーの子供や病気の方の腸の善玉酵素は、健常者の四分の一しかないそうです。

では、その善玉酵素を増やそうと、ビフィズス菌などの菌類を飲んでも、一時的には改善しますがしばらくすると元に戻ってしまうのですね。

なぜかというと、その菌を培養する畑が体内にないからです。腸内の腸壁に海水の情報がないと、良いものは増えません。食生活において減塩をしていたり、精製塩である塩化ナトリウムを摂っていると、腸は弱ってしまいます。ですから、病院に入院して二ヶ月間も減塩の食生活をすると、ふぬけになってしまうのです。

人間の生体磁場というのは、塩基がなければ絶対に動きません。そこで、四つの有機塩基、すなわちＤＮＡも塩基と書くのです。塩がベースとなっていますよということです。血液をなめてみると、しょっぱいですが、塩基だから、塩なのですね。点滴にも、少し塩分が入っています。

それと、海水風呂もいいですね。

お風呂の残り水で洗濯をする人がいますが、それは良くないですよ。なぜなら、お風呂に入ることで、その水は人間の邪気を吸っていますからね。それで洗濯をしたら、どういうことになると思いますか？　そういう世界はダメなのです。水道代がもったいないと思われるかもしれませんが、水は新しいものにしてください。

海水を口の中でもぐもぐして、唾液を混ぜて飲むことで効果があります。これは中国でいうと丹（生命エネルギー）であり、エネルギーを貯め込むという意味があります。

私は、ある国である設備を見せられました。その施設では、すでに海水から食料を作っています。海水で、いろいろなものを動かすこともできています。地底都市というものがありますが、その住人たちは海水から食料やエネルギーを作っているのですよ。ゼリー状の流動食によって、十分に活動できるのです。その成分は、塩基、塩の入ったものだそうです。

今の私たちの食生活は、肉体を維持することにしか役にたっていません。天然のものには、確かにエネルギーが入っています。しかし、感情の毒素を取ったりするものではないでしょう。

ただ、正食と純性日本食は良いですよ。ゴマは、感情毒素を取ってくれます。

本来は松、竹、梅が良いのです。松の実や、竹を焼いて竹炭を食べるのも良いです。白血球が増えます。

そして、梅です。日本の古くからの食文化でも、梅だけは残っていますね。

さらに、金箔を飲んだりとか、麻の実を食べたりということで免疫をプラスすることができます。

また、女性は口紅を使いますが、これも天然のものにしてください。例えば、合成の口紅を15年間使ったとします。それらの口紅に鉛などが入っていると、子宮が悪くなってしまいます。

女性にとっての口は下の口と同様、とても大事です。そこに体に良くないものを使うと、免疫力が25%くらい下がってしまいます。

ですから、天然の口紅を使って欲しいのです。近年、婦人病が多くなったというのは、口紅が原因なんです。

婦人病を治す時に、二ヶ月くらい化粧をしない状態にすると、免疫は戻ります。女性の場合は、最も免疫があるのは唇ですから、ここに有害物質が入ってくると免疫が下がり、子宮がおかしくなります。最後には、子供ができなくなります。香料の強いものは、塗らないでください。

それから、薄毛の方には椿油が良いです。これを髪でなく、地肌に塗るのです。私も、白髪だったところも黒くなってきました。

夜泣きをする子供や、言うことを聞かない子供がいたら、もぐさを炊いてください。

霊的なものがすべて取れますからね。密教においても、お坊さんが使っています。

地球の未来というのは、科学者や霊能者、宗教家など、いろいろな立場の人々があまり望ましいものではないと言っています。

しかし、良くないとはいっても、私たちがそれを素直に受け取る必要は、一切ありません。特に、日本に関しては、世界の盟主という役割があります。

この日本にいる役割、すなわち天命というものがどんな人にもありますから、皆さん個々人が、それを再認識して活躍していけば良いと思います。

食料危機についてお話しますが、今はまだギリギリ大丈夫ですね。しかし、2010年からは、皆さんがそれぞれ、家庭でできることをしておいたほうが良いでしょう。

その一つには、今から食事の量を減らして慣れていくことです。安いものをたくさん食べるのではなく、良いものを少し食べるような習慣も良いでしょう。

ちなみに、私は一日3リットルくらいの海水を飲んでいます。飲み始めると、二週間くらいで、腸にあった宿便がぜんぶ出ます。私は昔、体重が91キロありました。今は76キロです。したがって、15キロやせました。

ガンじゃないかなどと言われたこともありますが、体は調子が良いですね。痛風になっても、3日くらいお酒をやめれば、元に戻ります。糖尿病も、自分で実験してみました。病気というのはどういうものなのかなということで、脳梗塞も経験しました。これについては、やらないほうが良いですね。半身不随で済めばまだいいですが、あの世に行く場合もありますね。

では、どうして私が助かったのかというと、それは巨人ファンだったからです。だから、半身（阪神）不随にならなかった（笑）。人間は病気でなく、寿命で死ぬのです。人はみな、生まれつき完全なものとして存在します。それを、人生を通じて知るのです。そのために生きています。

すなわち人生とは、自分を探す旅です。どこかの会に道を求めたり、他の人に聞いたり、あらゆる書物を読んだりしても、参考になるにすぎません。

自分の中で何をどれだけ受け取るか、どのように受け取るかということだけなのです。皆さんが認識したものが、現象としてはね返ってくるのが世の中です。**認めただけが世界であり、肯定しただけが自分である。そして、自分が世界であるということを忘れないでいてください。**

また、フォトンなどの宇宙エネルギーをいかにして取り入れるかということに注目してください。しかしその際、どんなに一所懸命、宇宙エネルギーを取り込もうとしても、体内の塩分が適正になければ受け取ることはできませんからね。体内での発電も、できなくなってしまいます。

太陽・月の今

ここで一つ、ご紹介します。科学雑誌の最新情報ですが、雑誌に載っていた論文です。

二年程前まで、太陽と同じような恒星は、約8万あると言われていました。

しかし、最近の発表では、12万4千あるそうです。このデータが何を示すのかというと、三次元的に地球と同じような環境の星が、12万4千以上あってもおかしくないということです。

そこから考えても、**宇宙人がいるいないということを議論すること自体おかしい**わけです。いてあたりまえということです（外国主要国は宇宙人を公式に認めています）。

そしてもう一つ、月が移動しているという話ですね。通常、衛星はそのようなことはありえないのですが、地球から離れているようです。

したがって月は、本当は人工衛星ではないかと推測されます。

太陽と月は地球から見て、見かけ上は同じような大きさです。しかし、太陽の直径１３万３２６０ｋｍに対して、月の直径は４００分の１の３４７６ｋｍであり、また地球から太陽までの距離１億５０００万ｋｍに対して、地球から月までの距離は、４００分の１の３８万４０００ｋｍです。

月そのものは、誕生から２２０億年ですから、地球が４６億年だったとするともっと古いのです。ですから、衛星なわけがないのですね。最近、月の裏側という映像がありましたが、本当の裏というものは撮影されませんでした。本当の裏側というのは、違った場所です。そこには、宇宙人の基地や円盤が、たくさんあるそうです。

我々がここに、この周期で生まれてくる確率は、２３０兆分の１だそうです。ある本に書いてありました。表には出ていません。

宇宙ができてから、ビックバンだとかいろいろありますが、皆さんがこの肉体をもった状態で、**アセンションに参加するという条件は、２３０兆分の１の確率しかなかったということなのです**（地球人類全員参加できますが、入学は個人のレベルです）。

過去にポールシフトが６回あったということや、アセンションもどきがあったのですが、今回のアセンションというものは、地球を通した太陽系の総入れ替えなのです。

太陽系の入れ替えが終わった時点で、銀河系にシフトします。太陽系そのものが、別の銀河系にワープしてしまうのです。ウソのような本当の話ということで、地球が変わる、人間が変わるというだけではないのですね。

聖徳太子、大本教、日蓮上人が語ること

聖徳太子の未来記には、2020年に、56億7000万ものミロクの世のひな形が世に現れると書いてあります。56億7000万人が意識変化をするようなことが起こる、すなわち未知との遭遇、宇宙存在ですね。ミロクの世とは、病気が無くなり、貨幣経済が無くなり、エネルギーシステムが無くなって、フリーエネルギーになる。そして人間が、自らの中に神を見出すときであるとされています。これは、すごい事ですね。

今から千何百年も前に、2020年のことを予言していたのです。そして56億7000万というのは、人口でもあるし、数霊でいうと、その時はちょうど2020年だそうです。

大本教では、大和魂の復活こそがミロクの世、それがびっくり箱のふたを開けるぞ

と言っています。どういうことかというと、ミロクの世というものは日本人の本来のありかた、霊性がもどって、本来の日本の役割が発揮されて天命が成就できる――、それが、ミロクの世のはじまりであると言っています。びっくり箱というのは、アセンションのことではないでしょうか。

日蓮上人のメッセージがあります。

法華経というのは地球のリズムですが、妙法蓮華経は太陽の運行リズムそのものでもある、すなわち法華経は、太陽信仰だったのです。木、火、土、金、水、すなわち五行、太陽系の法則を、妙法蓮華経は表現しています。

故に自分は、日蓮と名乗ったと言っています。なぜなら、太陽のシステムを理解し、その中で自然の役割が理解できたからだそうです。応仏妙合、分かりやすく言うと、ミロクの世という意味です。

世界の王たるものが王たらしめて、宇宙のシステムと合体して、世の中が変わっていくのがミロクの世です。不老不死で悩みも病気も何もない、言葉を変えて言えば、ミロクの世ではないでしょうか。

日本の古代の霊能者や有識者も、最新の科学データも、マヤの5000年前のカレンダーも、すべてこれからの世の中が良くなっていくということを、結論としては言っています。ただし、それを乗り越えるには、たいへん厳しい試練もあります。しかし、それは皆さんの智慧と力で、乗り越えてほしいと言っています。日本人の役割、今、日本にいることを、誇りに思って頂きたいと思います。

ロックフェラーからのメッセージ

2007年に、92歳だったデヴィッド・ロックフェラーさんが、回想録の日本語版の出版のために来日しました。その時、天皇陛下とお会いになりました。その際、どのような話をしたのかということですが、ある筋から聞いた情報から一つ話します。

ロックフェラーさんは、今回の来日が最後でしょうと言いました。長きにわたり、我がアメリカ合衆国、ならびに我が一族を応援して頂き誠にありがとうございました、これからも、この日本と共にアメリカ合衆国の繁栄がありますように、というメッセージがあったそうです。これはすなわち、遺言状という形で天皇陛下に伝えられたようです。

皆さんは、ロックフェラーやロスチャイルドというと、大儲けしているように思うかもしれませんが、**私が今知っている限りで、2000兆円ほどの借金があるようです。**

すなわち、陰の政府は、会社で言えばもうすぐ倒産しそうなのだということです。他にも、もう二つほど話があったようですが、公にできません。個人名が入っていますからね。

ロックフェラーがそう言ったということは、すなわち、アメリカの崩壊が始まっているということです。フリーメーソンでは、国の寿命230年説というのがあるようです。アメリカの建国は、1776年ですね。230年を足しますと、2006年です。一つの数霊の働きでいうと、アメリカ合衆国という国の役割は、この時点で終わっているということのようです。

2006年は、日本においては戦後60年です。2007年には、サブプライムローンの崩壊がありました。ですから、数霊というのは不思議だなと思います。数は数と共鳴するのですね（気学や数霊は、まだ健存のようです）。

国破れて山河あり。
今の世の中は残念ながら国破れたら山河なし（笑）
されど明るい未来に向けて生きる姿勢と生きる力を忘れずに！

（事実は小説よりも奇なり）

人間の生命というものは全きもの、無限にして永遠なるものです。

その偉大なる生命が何らかの機縁によって、我々人間が存在します。

人間とは、無限の有限化をした存在であり、この有限化された人間を常に無限と一致させるということが真理であり、道理であります。

この本を読まれて世の中の道理を知り、どうりでおかしいと（笑）気づいてください。

福 禄 寿

金運と健康運

＊この章は、2007年３月に行われたセミナーが基になっています。

私は、これまでに家を六軒建てることができました。

一つは宗教家という家です。次は芸術家、それから思想家、作家。まだありますね。風水家という家です。

六軒目は、住むための家です（笑）。すなわち、肩書きで五つの家を建ててしまいましたというお話ですね。こんな変わった人がいるということで、再来年くらいにはギネスに申請してみようかと思っています（笑）

呉子の伝承

私は、弘観道という宗派の宗教家です。弘観道とは密教（弘）・法華経（観）・神道（道）という三つの宗教を統合したものです。

「孫子の兵法」という有名な書がありますが、弘観道には中国の呉子《ごし》という兵法の書があります。「孫子の兵法」というのは、戦う前に相手に勝つための戦略をたてるスペシャリストについて書かれた書と言われるのです。

実はアメリカのＣＩＡや、他にも、世界中の情報機関の８割が、孫子の兵法をもとに国家運営の戦略を考えているのです。

では、呉子はというと、戦術という位置づけになります。戦略と戦術では、まるで内容が違うのです。**戦術とは、実際に戦って生き残る方法とはどのようなものかということなのですね**（ですから日本では、忍者に伝承されています。村上水軍しかり）。

呉子の伝承は、聖徳太子の時代に中国から日本に入ってきました。現代の日本の中国地方に、呉《くれ》という地名がありますね。これは、この地が中国の呉の一族が日本に渡来してつくった、一つの拠点だったことによります。

広島の呉というのは海運技術を持つ町ですが、この技術はもともと中国の呉の一族が、中国から持ち込んだものなのです。日本では初めての海運技術でした。

日本の衣服の文化に呉服とがありますが、この文化を持ち込んだのも、呉の一族だったのですね。

私は、この事実を台湾のある霊能者を通じて知りました。

シンガポールに住む華僑のトップに、リー・クワンユーさんという方がいらっしゃいます。華僑は、トップに位置する客家《ハッカ》という頭領集団によって治められているのですが、リーさんはその客家の方で、シンガポールの前総理大臣です。

その台湾の霊能者がリーさんと友人だったのですが、霊能者とお会いしたとき、「とても懐かしいですね」とおっしゃったのです。もちろん、初対面ですよ（笑）。

事実私は、よく中国人と勘違いされますからね。例えば、5、6年前にこんなことがありました。

新宿の歌舞伎町にある中華料理店で、一人でお酒を飲んで遊んでいましたら、後ろの方で台湾マフィアが青龍刀をもって暴れ出したんですね。日本のやくざと、チャイニーズマフィアと、台湾マフィアがケンカしていたのです。

私も近くにいたのですが、この騒動は殺人事件にまで発展したらしく、新聞にも載っていました。この時、彼らが私のことをリーさんと呼んだのです。

リーは漢字で書くと李となりますが、誰かと勘違いされていたようで、後で分かったところによると、その方はなんと、台湾マフィアのボスだったのですね（笑）。

しかし、実際に台湾に行くと、宗《ソウ》さんと呼ばれます。中国に行くと呉《ご》さんで、アメリカではロンと呼ばれるのです。

私には、色々な名前がありますよということが言いたいのではありません。自分に似ている人がいるということですね（イギリスならジェームスかな・笑）。

そういう自分にそっくりな人が、世界に5、6人はいるという話を聞いたことがあるでしょう？　本当にそういうことがあるのです。

宗さんというのは銀行の頭取のようなことをしている方で、呉さんというのは中国

にある秘密結社のトップなのです。少林寺という中国拳法の達人たちとつながってい
ますが、この人については写真を見せてもらいました。すると、やはり私とそっくり
なのです。

詳しくは言えませんが、この呉さんは昔、中国で起きた辛亥革命の時に活躍した人なのですね。台湾の霊能者が占いで観てくれた時に、あなたはその人の生まれ変わりなんだと言うのです。将来、中国とアジアをつないでいかなくてはいけないのだというわけですね。

この先、アメリカの貨幣経済がおかしくなった時に、逆にアメリカを助けるのは中国と東南アジアなのだといいます。その際、アメリカとそれらの国をつなぐ必要があるということなのです（逆に日本は、全アジアの通貨保障もすべしと言われた）。

私は言いました。中国には、アメリカを助けるだけの経済的な力がないではないかと。すると、中国にはお金はないが、人はいるというのです（笑）。

ここで一つ、皆さんに分かっておいて頂きたいのは、13億人もの人口の中国で、本当の中国人というのは、**実は少ないのです。昔の純粋な中国の王族・皇族の人達は、全部日本に流れてきているのです！**

中国では、三国志の時代よりもっと古い時代から、毎日戦争をしていました。戦争

に負けた朝廷や王族は、すべて朝鮮半島を経由して、日本に帰化しています。

例えば、秦の始皇帝の一族が日本に来て、秦一族になっていますね。それと同じように、徳川幕府は徳川家康が江戸に開きましたが、それはどうやら、中国の明王朝の文化を日本に持ってきて行ったのだそうです。

また、神社には赤い鳥居がありますが、これは古代ユダヤの文化なのですね。

すなわち、日本は秦一族という古代ユダヤ民族であったり、明王朝の末裔であったりと、世界のあらゆる民族が集まっているところなのです。

遺伝子を研究する学者に聞いてみましたら、日本人の純粋な血脈というのは、なんと20%でしかないそうなのです。あとの80%はというと、外来の民族ですね。

そこを調べて行きますと、在日宇宙人もいるわけです。未亡人もいるかもしれません（笑）。いろいろな方がいるのです。

歴史の本などでは、日本人は五色民族の末裔などと言われていますが、実際は日本は世界の集合意識を持ち合わせているのではないかとも考えられます。

2012年を越えますと、皆さんそれぞれのDNAはどこの民族に由来しているかということも分かるようになるそうです。そうすると、例えばモンゴロイドなどということだけではなく、過去にアメリカではインディアンだったとか、イギリスで貴族をやっていたとか、様々なことが全部わかってくるのだそうですよ。

そうなれば、霊能者が観る過去世ではなく、遺伝子レベルでの過去を知ることができるようになってきます。これは何を意味するかと言うと、民族の壁というものがなくなることにもなりますよね。北朝鮮の問題だとか、在日外国人の問題というものは、全部なくなるでしょう。

その次は何かというと、皆さんがどこの星からやってきたのかということまでわかってきます。プレアデス、オリオン、シリウスだとか、金星だ、シャンバラだと色々ありますからね。

それらがあと10年以内に、科学的に遺伝子を調べることでわかるようになるのです。これは量子科学の分野なのですが、これによって、いろいろなことが解明できるようになるのです。

金運と健康運、そして美容の秘伝

私は、帝王学と呼ばれる学問を勉強してきました。帝王学とは、中国の豪族や秦の始皇帝などの皇帝たちが学んだものです。

この帝王学の書を、全部読みました。全部で800冊くらいでしょうか。

しかし、まったく意味がわからなかったのですね。実際にそこに書いてあるものはいったい何なのかと思っていたら、中国の有名な高僧によると、すべての成功法則や開運法の原点といえるものがあり、それが、たった三つの文字で表せるというのです。

けれども、それについて説明した書物はといえば、全部で178巻もあるそうです。ページ数にすると何十万ページにも及ぶものです。

では、その三文字はなにかというと、**「福禄寿」**だそうです。人間にとっての大切なものはなんですか？と聞かれれば、最もシンプルな答えは福禄寿になると教えて頂きました。

「福」とは、人間関係を表します。社会的な人間関係のすべてを、福で表すことができます。あの人は裕福だということがありますが、これは人間的に恵まれているというのが本来の使い方となります。

社会においても、夫婦関係や親子関係、仕事の関係から恋愛関係などなど、すべてが福なんだということです。

なぜならば、この世の中、神様や宇宙人がいたとしても、人間が中心なのです。人間が動かしている世の中です。その中で、人間関係が円滑な状態を、福と表します。

「禄」とは、お金に関係するすべてのことです。財産なども含めて禄といいます。ロク《禄》デナシという言葉はここからきています。元々は、お金がなくて騒いでいる人を指すのですね。

江戸時代には、禄高《ろくだか》といって、何万石などという単位と同様に、力を表す目安としてこの言葉を使うこともあったのです。

「寿」。これは、心と体の健康です。命に関するすべての事柄をもって寿と表現します。結婚式の時になぜ寿というかといえば、その昔は、結婚というのは命懸けだったのですね。結婚によって、人生がほとんど決まってしまう。

この福禄寿のなかで、お金で買えないものは寿、すなわち命です。

まあ、今の世の中ではお金があれば命も買えることもありますね（笑）。ある人は、末期がんと診断されました。しかし、今ではとりあえず３００万円くらい出せば、高度な医療が受けられるのです。だから、この３００万円というお金があるかないかで、命が左右されるということもあるわけです。

しかし、皆さんは病気で死ぬわけではないのですね。寿命がきて、死ぬのです。ガンで死んだり、脳梗塞で死んだりということがありますが、それは病名であって、病気になっても寿命がきていない人というのはまだ生きられます。

たとえば、寿命が８５歳の人がいたとします。７０歳で病気になりました。この年齢では、ガンになろうが、脳梗塞になろうが、絶対に死にません。

逆にいうと、１９歳のある若い方が、２０歳の寿命だったとします。この人は、今元気であっても、２０歳になれば寿命がきて死んでしまうのです。交通事故であったり、病気になったりと、死因はなんであれ、寿命がくれば亡くなってしまう。乾電池だって、寿命がきたら使い物にならないですよね。

実はこれは、一つの法則なのです。死というものは、寿命によって訪れるということを覚えておいてください。

ですから、自分の命をどのように運んでいくかということが、すなわち運命なのですね。ここから生まれてきたのが、いわゆる占いです。

生命のバイオリズムを科学的に解明したのが気学というもので、その中の一つが四柱推命という占いです。面白いのは、この四つの柱という書き方ですが、人間には四つのＤＮＡがあります。有機塩基というもので、生命のすべては、たった四つの原理原則で成り立つということを表しています。

四柱推命の四つの柱は、年・月・日・時に対応しています。いつ、何時、何分に生まれたのか、この四つの要素でその人の人生すべてを科学的に解明しようということなのです。

ですから、占いはけっこう当たることになります。これによって、実はその人の寿命というものもわかってしまうのです。

福禄寿では、人生というものが人間関係だけでなく、お金だけでなく、健康なだけでもない、それらのすべてが大事ですよと説いています。私は開運コンサルタントをしていますから、ある人が福禄寿の中の禄、すなわちお金が足りないということなら、どうしたらもっとバランスがよくなるかというアドバイスもさせて頂いております。

ある経営者向けセミナーでは、この開運法を１０万円でお話ししています。帝王学講座としてやっていますが、これを約２２回で、勉強して頂きます。その6回目から8回目までが、福禄寿のお話なのです。

これを受ける人は、たいがいは経営者の方々ですが、皆さんにもそのエッセンスを、開運法として知って頂きたいと思います。そうすることで運を味方に付けて、人生、すなわち命を運んでいってほしいのです。

30年以上カウンセリングをしておりますと、一般的には人生の悩みの8割は、この福禄寿に関わる内容であるということがわかります。

例えば、うちの旦那さんは不倫をしていますとか、自分にはなぜか彼女ができませんとか、これらは福にかかわる内容です。

会社が倒産したとか、貸したものが戻って来ないという話は禄です。

そして身体の問題、うちの子供は不治の病ですとか、夜一睡もできない不眠症ですというのは、寿ですね。

逆に言えば、この福禄寿が伝える内容をクリアできること、活用することができれば、それが開運ということにもなるのです。

開運は、「開」という字からもわかるように、神社にある門をひらいて運び出すという意味があるのですね。

みなさんがとりあえず健康で、禄についてはクリアしているのならば、次に福と禄ですが、福については努力次第である程度まではレベルアップできます。

しかし、禄、すなわちお金については、学生さんであったり、主婦であったり、サラリーマンであったりというそれぞれの環境がありますので、機会が限られているのです。三次元においては、仕事の選択で収入は決まってしまいますからね。

自分が1億円、10億円欲しいと思っても、いわゆるアルバイターではとても無理ですね。

しかし、仕事ではとても無理であっても、宝くじで何億円当たりましたという人も世の中にはいらっしゃいます。こうした人は、禄のエネルギーがたいへんに強い人ということになります。

ソフトバンク社の代表の孫さんとか、ビル・ゲイツさんなどは今はお金持ちですが、昔は本当にミカン箱の上に乗って一兆二兆の資産を持つと思い、それを20年以上思い続けたのです。以前、逮捕されていたホリエモンもそうです。彼もまた、夢を語っていましたね。人の写真を見ると私にはわかるのですが、禄のエネルギーが強い人というのは、お金が回る人なのです。

例えば、サラリーマンをやっていても、このエネルギーが強い人であれば、宝くじが当たったり、ナンバーズが当たったりということがあります。小学生でも、このエネルギーがある子がいますね。サッカーくじのトトが当たったりします。

私の知り合いの小学校二年生の子が、なんと4億円も当てちゃいました。親御さんが誕生日のお祝いに買ってあげたそうです。もちろん、親御さんはびっくりしましたね。どうしたらいいのか迷ったようです。

人間は福禄寿全般を人生の目標にして生きていくのですが、やはり、まず一番に大切なのは、命というものです。元気でなければだめですね。

女性については、子供をつくるということは天命なのです。男性は、絶対にできないことです。男を逆さにして振っても、子供は生まれませんからね。東京などの都会ですと、私は旦那はいらないけど子供は欲しいという女性もいます。種を残さないといけません。

女性は、４７歳までは普通に子供を産めるといわれています。それ以降は、卵がだんだん小さくなっていくそうです。お酒はまだ良いですが、タバコを吸っていると女性の体は男性化していきます。吸うにしても、なるべくメンソールは吸わないようにしてください。男性にもあてはまりますよ。性的な機能が弱くなります。メンソールの成分は、体内でカルシウムと亜鉛を分解してしまいますから。

お酒については、日本酒はむしろ飲んで欲しいですね。清酒をぬる燗で飲みますと酵母が発酵し、それが骨を丈夫にする効能があります。肌も綺麗になりますからね。

古来より、日本人の大和魂というものは日本酒（御神酒）と米と塩で構成されるといわれます。ですから、お相撲さんは日本酒を飲んで、ちゃんこを食べています。特にご飯をいっぱい食べています。

栄養学から言えば、米は炭水化物です。ご飯を食べて、日本酒を飲むことによって、骨にエネルギーがいくのです。特に、気が出ない方は米を食べて欲しいのです。気骨

という言葉がありますね。エネルギーというのは骨に宿るということを表します。

将来のために大切なこと

みなさんがこれからの世の中を生きていく中で、運命を変えたいとか、人生を良くしていきたいといろんなことを考えていく場合に、一つだけ忘れないでいて欲しいことがあります。たとえみなさん自身ができなくても、お子さんや大切にしている人に伝えて欲しいのです。

それは、選択を間違えないで下さいということです。

自分が将来、お金持ちになりたいとか、政治家になりたい、女優になりたい、スポーツ選手になりたい、いろんな夢がありますね。特に若い時には夢を持ちますが、選択を間違えればそうはならないということです。

例えば、スチュワーデスになりたいと思いながら美容室で働いていても、それはなれませんし、サッカー選手になりたいと思っていても、芸人になりたいと思っていても、そのシチュエーションに自分をもっていかなければなれないですよね。

今の世の中では、そのための選択がまるきり間違っている場合が多いのです。お金が欲しいと思えば、そのように選択しなければいけません。健康でいたいのならば、そうになれるような選択をしなければいけません。

人間関係においても、全部同じです。選択がすべてです。イメージ通りの自分になれない方というのは、選択が間違えていることがほとんどで、私が今までカウンセリングしたうちの９５％がこうしたケースです。

一つの例をあげましょう。ある主婦からの相談です。旦那が酒乱でお酒を飲んで暴れるというので、それをどのくらい続けていますかと聞くと、今年で７年ですと答えるのです。私は言いました。奥さん、あなたは間違っていますよと。もう７年も経っているのだから、選択しなければだめですと。

相談者が、その選択とはなんでしょうかと聞きます。私は、その旦那と別れなさい、今までに７年間も暴力をふるわれてきたのでしょう？　これからも続いていいのですか？　といいましたら、離婚は嫌ですと答えます。

では、どうしてここに相談に来たのかと訪ねますと、答えを出してくれるのではないかと思ったからといいます。どうやったら旦那がおとなしくなるかを聞きたかったというわけです。

病院にでも入れてしまいなさいというと、検査しても健康体ということで、入れてもらえないとのことでした。お医者さんの前では猫をかぶって、悪い症状や数値は何も出ず、家に帰ったら暴れるわけです。

では、暴れる時間を毎日記録してくださいといったら、だいたい夜中の2時から3時とわかりました。お酒を飲んで、だんだん酔っぱらって……、と、だいたいのパターンがあるようですね。

それではこれは霊の憑依だから除霊したほうがいいということで、除霊の方法をお教えしました。そして、一ヶ月したらまた相談に来て下さいといったのですが、確かにその後はお酒も飲まなくなり、一ヶ月後には旦那さんは静かになったそうです。

ところが、またお酒を飲むようになって、暴力をふるうようになりました。そこで私は言ったのです。やっぱり別れたほうがいいですよと。今は暴力をふるわれるだけなのが、そのうちお金も持っていかれて……と、事態は悪くなるかもしれませんよと言いました。

そうすると、奥さんは涙を流されました。どうしても別れられないと言うのです。家のローンだけでなく、借金があるのですとね。しかも、旦那に内緒で家の名義を自分のものにしているといいます。言うことを聞かないから、そのように変えてしまったのだそうです。今別れたら、家を処分しなくてはいけないとのことでした。

そこからまた、色々と相談に乗りましたらあることがわかってきました。本当は酒乱の旦那さんが悪いのではなく、この奥さんが悪かったのですね。この奥さんは、旦那さんのお小遣いを、なんと月に5千円しかあげていなかったのです。この旦那さんは、手取りで35万円くらいの収入がありました。でも、お小遣いは5千円です。いろいろと旦那さんが暴れる原因を調べてみたら、うちは結婚して以来主人に月に5千円以上あげたことがないと奥さんが漏らしました。一方、奥さんは月に9万円も使っていたのですね（笑）。

人間というのは、自分に都合の悪いことは、最後の最後まで言わないということです。

病人にしてもそうですね。周りには重い病気を隠し通して、もう末期で助からないような状態で病院などに駆け込みます。

体に限ったことではなく、人間関係についても、お金に関しても、同じようにいえます。

例えば今、問題になっているサブプライムローンというものがありますよね。あれも、ずっと隠し通してきたものなんです。大統領選挙が終われば出てくると思いますが、実際には表に出ている数字の10倍以上の負債額があります。被害としては50

兆円ですから、実際にサブプライムで動くお金は５００兆円です。

ちなみに、仕事をせず、収入がなく、保証人もいないような人でも、アメリカでは３０００万円の家が買えていたのです。これは異常なことですよね。

どうしてこんなことができていたのかというと、３０００万円で買った家は5年後に倍以上になりますから、心配しなくてもいいですよというイメージなのです。実際に最大で3，2倍になった物件もあります。３０００円万の家は９０００万円になりました。その含み益がありますから、１０００万の車でも買って、５０００万は株投資でもして下さいということを言われたわけです。

アメリカの１３０万世帯で、そういった状況だったのです。アメリカは日本の倍以上の人口がいますが、ものすごい規模ですね。１３０万世帯というと６００万人という換算になります。東京都の人口の半分くらいの人達が被害をこうむった計算になるというわけです。

そしてこれも、選択によって起きたことですからね。間違った選択では、やりたい仕事もできないし、幸運も訪れないんだということを覚えておいて下さい。

例えば、一億円欲しいという方はたくさんいると思います。では、そのような方々に聞きます。あなたはそれに向かって努力をしていますか？　あなたのプランでは、いつその状態になりますか？　一生かかっても無理だとおっしゃるのならば、その選択は間違っているのです。はじめからそうはならないとわかっていてやっているのです。

以前、音楽関係の仕事がしたいという男性のカウンセリングをしました。私は、関西の吉本興業の芸人の付き人をしなさいと言いました。普通のサラリーマンをしていては、その状態は訪れないからです。

お金が欲しいという人は、ナンバーズなり、宝くじなり、株なり、何らかの資産運用しなければそうはなりませんね。健康もそうです。日々、何か努力をしていますか？　ということなのです。日々努力をしていれば、病気になるはずなどないのです。宝くじを買うにしても、当たるまで買い続けなければならないのです。達成するまでやり続けるというのは、力です。

年収50億円、100億円といった人たちは、香港や上海に多くいます。あちらのほうでは、個人資産で4000億などという人がいますね。UAE（アラブ首長国連邦）のドバイに行けば、500人くらいそういう人達がいるのです。どうやって儲けたのと聞くと、石油だよというわけですが（笑）、それだけでなく資産運用を依頼して、石油で稼いだお金をぐるぐると回して、いつの間にかそれだけになっていたということです（ここで資産の投機と資産の大切さがあります）。

UAEのそうした資産を集めると、200兆円あると言われています。これをUAEの政府系ファンドなどが運用しているわけです。

そんなお金持ちの人たちは毎日何をしていますか？　と聞けば、それは**寿**ですね。健康管理です。お金にはもう興味はないそうです。死んでしまったらお金も使えないし、お金を持った意味がないからと、毎日健康管理に努めています。

そして**福**。彼らは無駄な人間関係を作らないそうです。みなさんにも、無駄な人間関係というのはあるのですよ。運命学ではないですが、この人と付き合ったら運が落ちたとか、上がったとか……。あげまんとかいうことではなくてね（笑）。運命のエネルギーを盗ってしまう人というのはいるのです。そういう人と付き合っていたら、ぜんぜん良くなりません。交際相手もそうですよ。

3年付き合って嫌だったら、別れた方がいいですね。離婚の原因の6割は、お金なのです。あとは、浮気だとか、性格の不一致だとかいろんな理由がありますが。

そして、**意外と別れないのが寿にかかわることですね。**うちの主人はガンになりまして、事故に遭いましてという時には、お金がなくても家族というものはついて行きますね。

ですから、世の中のトラブルは、お金と人間関係のことがほとんどだということです。それについても、まず選択ですからね。正しい生き方していますか？　そして人間関係、お金を理解していますか？　ということですね。

福禄寿の優先順位とは

さて、**福禄寿と選択**、これらが大事とお話してきました。ここでみなさんに、一つお聞きします。福・禄・寿と三つの開運要素がある中で、たった一つしか選ぶことができないとしたら、あなたはどれを選びますか？　人間関係ですか？　お金ですか？　健康ですか？

まず、「福」。こちらを選ぶ方はけっこう多いと思います。人がいて自分がいるという声も聞こえてきますね。

「禄」、お金。これを選べますか？　それとも、「寿」。健康を第一としますか？

ここで、**優先順位をお教えしましょう。順番からいくと、「寿」「禄」「福」**となりますね。まずは健康です。これがないと始まりませんね。体がないと、すべてのものは働かないのです。不健康では、なにも使いこなせません。

そしてお金。健康とお金があってこそ、最後の人間関係を構築できます。

これが正しい選択です。結婚の寿、これは命を創るという意味です。すなわち、子供をつくるために結婚するといってもいいでしょう。子供を作らない夫婦というのは、結婚する必要がないですね。断言いたします。

次に禄、今の世の中では、お金が無ければ何にもできません。お金が無いということは、エネルギーが無いということなのです。

これからの世の中は、今までとは違います。社会保険庁の年金問題などいろいろとありますね。これから先は、年金はなくなります。ボーナスがなくなります。ヘタすると、仕事もなくなります。

その時に、皆さんが国際レベルの金融知識とまではいかなくとも、日経新聞の内容くらいは自分で理解して、これから5年後、10年後のことを見据えていかなければいけませんよということです。誰も助けてくれませんからね。

お金と命は、交換できません。特に日本人は、禄、すなわちお金に関して弱いです。アメリカ人や華僑は、お金にはものすごくシビアです。

なにも、節約しなさいということではありませんよ。自分が生きるうえで、必要なものを受け取っていってくださいということです。

たとえば世界で見ると、お金持ちのうち先祖から財産を引き継いだ人というのは約65％になります。残りは、努力して一代で財を築いた人です。35％います。世界中の金持ちというのは、65％が引き継ぎなのですね。

35％の人には、フリーターやニートはいませんね。みな、お金に携わることを仕事にして財を築きました。

これはどういうことを表すかというと、お金には流れの方向があって、それは決まっているということです。その方向性と選択を、間違ってはいけないということを肝に銘じてほしいのです。

女性が綺麗になりたいと願うのであれば、綺麗になる選択をしなければいけません。自分の運命を変えたいと願うのであれば、その運命を変えていく選択をしなければなりません。

ほとんどの方は、選択をしていません。また、選択できないでいます。

人間関係も同じです。方向性と、選択にかかっています。それらを持ち合わせることは、人生の成功者になることに繋がるのです。

では、日本国家はどうでしょうか。今、国家破綻という言葉もありますね。いろいろな先生方が、日本は国家破綻してしまうのじゃないかといっておられたりもしますが、なにによって国家が破綻するか、わかりますか？　お金です。何百兆円という借金です。

では、アメリカはなぜイラクと戦争をしたのか？　ということです。それは、石油の代金の決済を、ドルからユーロに変えるとイラクが言ったからですね。そんなことになったら、アメリカにお金が入って来なくなるのです。アメリカの戦争の理由も、お金なのです。お金の問題です。

これがうまく回っていると、景気がいいということになります。泥棒をする人は、お金が欲しいから泥棒をするのです。コンビニ強盗、銀行強盗というのもありますね。ですから、病気にならない、お金も必要ない、人間関係も良いというこの福禄寿を達成した世の中が、俗に言うミロクの世だと私は思うのです。

２０１２年以降、地球が次元上昇するというストーリーがあります。古代マヤ族が５０００年以上前に預言した、来たる２０１２年の１２月２３日から新しい世の中になる、地球が変わるという話ですね。宇宙的には、フォトンベルトなどもありますが、１０年前では、ほとんど理解されませんでした。

今では、飛行機に乗ればアセンションプリーズと言われますね（笑）

ですから、帝王学とまではいかないまでも、福禄寿について知り、求めて、選んでいくということが、最終的には宗教で言われるようなミロクの世の到来ということではないかと言いたいのです。

衣食足りて、礼節を知るのです。人間的なコミュニケーションは、飲めない、食えない、働けないでは、成り立たないのです。

ですから、極端な話になってしまいますが、飢餓に苦しむアフリカにいって、礼儀礼節の話をしても、伝わらないのです。

日本の経済、アメリカの経済

ではこの世界にあって、ここ日本ではどうでしょうか？　餓死することはめったにありませんね。生活が苦しいといっても、食べていけてるでしょう。**福禄寿がすべて安定して存在する国が、ここ日本なのですよ。**

アメリカの資本主義というのは、命に重点を置いたものではありません。能力主義、競争主義というものは、もともと共存社会には適さないのです。

アメリカには、共存共栄という言葉はありません。完全なピラミッド型社会です。上のものが、下のものを使う。

日本においての文化は、和、すなわち円文化なのです。すべてを円滑に回す。しかし、中心は必要です。その中心は天皇であり、これが天皇制という意味です。

世界には、王族、貴族、豪族とありますが、皇室というもの、天皇家というものは、世界でも日本にしかありません。

日本の天皇家は、世界の王朝・王室を作った張本人なのです。昔の天皇家というのは、世界天皇だったのです。実は、資料もあります。

日本には、失われたユダヤ支族がいるのではないかという話もありますね。しかし、日本にユダヤ支族がいるのではありません、日本が、その支族のルーツなのです。日本の原住民は、アイヌ族くらいなものなのだそうです。あとはすべて、渡来してきたのです。

ですから、日本は島国ですが、多民族国家であり、共存共栄の文化なのです。そして日本にも、経済というものがありますね。

では、経営という言葉には、いったいどういう意味があるのでしょうか。経営者といいますね。経の営みと書きます。

お経の営みとはすなわち、人の幸せを説いているということですね。経営者というものは、いかにして働いている人を幸せにするかということ念頭にして、営むのです。

今は、本来の意味の経営者はいなくなりました。企業家ばかりです。ですから、企みばかり考えているのです。いかに儲けようかとね。

日本は本来、経営者を育てなくてはいけません。**私は、風水師という仕事をしていく上で、日本国の借金をすべて払うにはどうしたらよいかと考えたことがありました。**裏のお金を合わせたら、約2000兆円の借金です。世界中のマーケットに流通するお金は、一京七千兆円です。国民のお金が1500兆円などと言われていますが、そんなものは使ってしまって、とっくにありませんからね。

では、この借金は誰が払ってくれるのかということですね。世界の借金、アメリカの借金は、誰が払ってくれるのでしょうか。

これに対して、今は三つの動きがあります。一つはNESARAというものです。今、アメリカでは資本主義経済を終わらせて、次の統制社会にしようという動きがあります。その頭文字をとって、NESARAと呼んでいるのです。

これが発動しますと、今の資本主義の体制が変わり、とても穏やかな世の中になります。アメリカ大統領選挙では、オバマさんが立候補していますね。民主党の指名争いでは敗北宣言をしたヒラリー・クリントンさんがもし大統領になっていたら、このNESARA法を施行して、世の中を建て換えようとしていたのです。

では、この法が世界で適法されるとどうなるか……、禄の問題、すなわちお金の問題はほとんど解決します。

日本の財務省には、財務官という人たちがおり、実際にお金を担当しているのですが、大臣よりも権限があります。この方たちと一度、お酒を飲む機会がありましたが、この時、彼らは日本の借金をどうやって払おうかと、真剣に考えていましたね。

そこで、私は言いました。平成の御代が崩御して次の年号となる時に、今までの借金をチャラにしなさいと。

これを、年号大権といいます。これは、天皇だけが持っている、一つの権限なのです。昔は行使されていました。新札を刷れば良い、それをやってくださいということです。天皇国家元首を中心とした新しい経済です。

600兆円（実際は2000兆円）という借金は、利息だけは払えても返済は無理です。しかも、その一部は特別会計という名目で、アメリカの借金を肩代わりしているということでもあるのです。

海外援助の資金の何割かは、他の国にまた回るようになっています。では、そのような借金、世界中の借金は、いくらあれば完済できるのかと計算すると、**約3京円**ということがわかります。

これだけあれば、すべての対外債務をチャラにできるのです。大阪の町も、10兆円というお金があれば、借金をチャラにできます。しかも完済すれば、関西圏はもっと活性化します。**ロスチャイルドが、大阪を10兆円で買ってもいいという話はなかったですが、ビルゲイツでも買えますね（笑）。**

NESARA法を施行する際、ドルというお金はなくなり、レインボー通貨というものに切り替わります。その基軸通貨の保障として、日本の円を建てて下さいということになっています（これがだめでも別プランあり、ホワイトプラン・笑）。

しかし、実際にその裏付けはどうしたらいいのかと聞かれました。円を裏付けるものは何ですかということですね。

実は日本には、金塊やレアメタル、メタンハイドレートなどの地下資源、すなわちお金に換わるコモディティがあり、その評価額はどのくらいかというと、**なんと5京円あるのです。**アフリカの地下資源なども保障していくと、もっとお金になりますね。日本だけでもその気になれば、そのような額のお金を作れるわけです。世界中の借金は3京円ですから、足りますよね（笑）。

聞き知っている方も多いと思いますが、ワンタ基金というものがあり、これは元々300兆円だったのです。それも運用されて、今では1京円にまで増えています。

この先、アメリカ経済が崩壊して国債の返還がおぼつかなくなったときに、NESARA法か年号大権を使って、日本が世界を救うという救済システムがあるのです。世の中はお金でもめているのですから、これが解放されれば世の中は変わるのです。地球規模で、そういうことなのですよ。

サブプライム問題は、一過性のいわば事件ですが、この統制経済へのシフトはずっと続くものです。世界の大富豪であるロックフェラーとロスチャイルドに、日本と手を組んでもらえば、世界は変わるよということなのです。

この間、ロックフェラーのお爺さんが日本に来ていました。天皇陛下にも会っていかれました。本人いわく、私は90歳を過ぎましたので、もう日本に来ることは無いかもしれませんということでした。

その際、天皇陛下にパックス・アメリカーナの話をしたのです。アメリカは本来、理想国家として自由の女神を祀ってやってきましたと。しかし、どうやら方向性がずれてきたと知ったそうです。

私の代ではできないかもしれないが、残されたロックフェラー一族がアメリカと共に、日本と共に繁栄しましょうという言葉を、天皇陛下に残して帰られたようなのです。

では、なぜロックフェラーがわざわざ日本に、天皇陛下に会いにきたか？　ということです。

実は、伊勢神宮に奥の宮というものがあります。戦後、マッカーサーが日本を統制し始めた時に、伊勢神宮の御神宝を開けなさいと言ったのです。そうしたら、鏡が出てきました。鏡の裏には、なんとヘブライ文字が書いてあったそうです。

そこで、世界中の歴史学者にこれを調べさせて分かってきたのは、どうやら古代ユダヤの由来であるということだったのです。

その発見によって、日本の占領計画は変わったのです。それまでは、戦後の日本は完全なアメリカの植民地になる予定だったのです。しかし、日本はどうやら古代ユダヤ国家とつながっているのだと分かって、方向転換したわけです。

アメリカに戻って、日本の秘密をフリーメーソンの幹部衆と話し合って、日本をもっと調べなければいけないということで、神社についての資料を送って調べました。そうしたら、古代ユダヤとの繋がりは間違いないという判断になったのです。それにより、日本は再建されることになっていくのですね。

現代においては、都市部には外資系のビルが建ち並んでいます。そして、米軍基地もあります。だから、日本は占領されているという人もあります。

しかし、そうではありません。日本という国をさらに守って、アメリカと最後まで共に歩いていこうということなのです。国家戦略が変わったのですね。

ですから、**今はアメリカは中国と貿易をしていこうとしていますが、日本を拠点として戦略を組み立てています。**この国土をより有効に生かして、アメリカという国を存続させるということを、大統領や政界のトップが決めたのですね。

つまりこの日本は、本来ある、世界の中心という役割が出てくるということです。世の中は良い方向に向かっていくということなのです。

行く先には、２０１２年問題もあります。地球が三次元から多次元に次元上昇するということで、太陽系の変化、地球環境の変化が起きてきます。

アメリカのゴア副大統領が日本に来た時に言っていたのは、このままでは絶対に地球環境はあと５０年ももたないよということでした。もっても３０年なのだそうです。それでもう、限界ですとね。

地球の平均気温があとたった2℃上がっただけで、生態系が3分の2、消滅するそうです。そうなると、東京の夏の気温は４２℃になります。

コンピューターの試算によると、それが２０２６年の環境です。あと２０年足らずで、この気温になってしまうと予測されています。食料危機が訪れます。天変地異も起きるでしょう。たいへん住みづらい世の中ですね。

ですからサミットにおいても、環境問題について、もっともっと真剣に考えなければいけないのです。私は、**災い転じて福となるということで、**これからの世の中は経済問題も環境問題も、クリアしていくのではないかと考えています。

地球規模での福禄寿というものを考えますと、福は人種差別問題です。キリスト経とユダヤ教、もしくはイスラム教など、宗教問題で戦争を起こしていますね。これは、言い換えると人種の違いによる戦争です。

禄は、貨幣経済です。このシステムがうまく統合できれば、戦争は起きません。寿については、エイズワクチンだとか、鳥インフルエンザなど、人口削減計画なんていうものもありますからね。

ですから、国家レベル、地球レベルでの福禄寿の達成は、すなわりミロクの世の到来ということになるのです。

金運をアップする

さて、禄について、少し具体的な話をします。

金運をおろすには、皆さんも光り物を持って下さい。特に、黄金色のものですね。これを身につけると、エネルギーが高くなります。

これから、皆さんはハイパーインフレというものを経験するかもしれません。今後、経済がものすごい勢いでインフレ状態になっていきます。

そうなると、お金の価値がだんだんとなくなっていきますから、手持ちのお金に余裕がある方は、地金に換えたほうがいいですね。いわゆるゴールドを買ったほうがいいです。

これからの不動産は、あまりおすすめいたしません。なぜかというと、東京でビルの開発をして信託ファンドが売れるということがありましたが、現在、東京の地価は最も上がったところで、これからは下がるだけなのです。地方でアパート経営をしようと考えている人がいるのなら、私はやめておいた方がいいのではないかと思います。

もし、お金に余裕があるのであれば、資産形成というかたちで地金をもって下さいということです。世界中のお金持ちは、資産を現物にシフトしていますから、マネをすることをおすすめします。

金色のものということで、私が作っているお札なども効果がありますね。これには、81枚の開運お札のエネルギーを転写してあります。

これを、玄関とトイレと金庫の三ヵ所に貼ると効果があります。玄関というのは、悪いエネルギーの入り口にもなりますから、このお札を貼って防ぎます。そしてなぜトイレに貼るかというと、トイレという場所はその家の中でもっともエネルギーが低いところなのです。そこにこれを貼って、エネルギーを高めれば、家全体のエネルギーが高まります。

金庫がもし無ければ、お金があってもなくても、ぜひ買ってください。そこに貴重品を入れておくのです。通帳や有価証券、それに、遺言状などもあるかもしれませんね。耐火金庫であれば、火事に遭っても中身は残ります。アメリカなどでは、各家庭に拳銃と金庫は必ずあるのです。

金庫というものはもともと、お金や大切なものを集める場所という意味合いがありますから、これがあるかないかは大きな違いなのです。さらにここにお札を入れて、エネルギーをアップさせましょう。

もし、いま金庫がないという時には、通帳にお札をはさむだけでも金運上昇などに役立ちます。

健康になる秘術

健康についての良い習慣としては、塩水を飲むことをおすすめしますね。海の水は汚れていますけれども、そのもとの海水に近い成分のものを再現して飲むことによって、体がとても浄化されます。

特に女性やアトピーの方は、海水を飲むと症状が改善されるだけでなく、腸の酵素が活性化しますので、毎朝コップに2杯くらいの量の海水を飲む習慣をつけてください。特に、満月の夜に飲んでくださいね。その日は月のエネルギーと共鳴できますので、とても良いのです。

では、どうして真水ではなく、海水なのでしょう？　今、生体磁場が狂っています。塩水が体内に入りますと、その磁場を正常に近づける、いわばアースの役目をします。

ただし、体に良いからといって飲み過ぎると高血圧になりますよ（笑）。病院などでは減塩として、塩化ナトリウムを少なくしたものを出しますが、あれは本来の塩ではありません。私たちに本来必要なのは、海の塩です。血をなめたらしょっぱいですよね？　塩分がなければ、私たちは生きていけませんからね。たいした費用がかかるわけでもなく、すぐにできることでもあるのですからお勧めです。

美容についてお話します。まず、「美容」という言葉についてです。

美しいという字に、容器です。すなわち、美しさのための器をつくることが美容という意味なのです。

そのためには、まず食事です。正食を心がけてください。それにはまず、日本人の体は菜食に向いていると言われていますので、お勧めします。といって、野菜ばかり食べれば、女性は体が冷えてしまいますので、味噌汁にして野菜を採ることをおすすめします。

そして、絶対に食べて欲しいのは梅干しです。梅干しを食べる時には唾液が出ます。唾液は体の免疫を高めます。血液をきれいにする効果もありますね。

そして、肌をきれいにしたい方は、早く寝てくださいね。夜10時には寝てくださ い。そのぶん早起きして、ストレスを溜めないようにするのです。

長生きしたいと願うのならば、ソワカの法則にしたがってみてください。小林正観さんという方が提唱している法則ですが、掃除をする、笑う、感謝するということです。

また、ストレスは極力ためないようにしてください。ストレスを発散できないでいると、脳の左側にマイナスの感情の毒素というものが溜まっていきます。左側頭部ですね。ここを温めたり冷やしたりすると、感情にムラのある方も落ち着いてきます。

ですから、頭を冷やせというのは、おでこでなく左側頭部なのです。体をコントロールしているのは、左側です。例えば、病気などで体の左側に麻痺があったときなどは助かりません。逆に、右側なら麻痺していても大丈夫なのです。体の左側には心臓がありますから、症状が重く出てしまいます。

プラスのエネルギーはすべて、右側頭部です。

それから、豆類を食べると長生きします。豆とはナッツであり、すなわち木の実です。

東大の内科の先生はアメリカで論文を発表しました。人間が長生きするのに有効な食物は何か？　それにはなんと、赤ワインとピーナッツを採ることだということが書かれているのです。これによって、脳にとても良い影響を与えるそうです。これを学会で発表したので、ポリフェノールが良いということが世の中で取りあげられるようになりました。酸化防止剤などが多く入っているものもありますので、国産などの安い無添加のワインを飲むと良いですね。

特に男性は、ピーナッツやカシューナッツなどのナッツ類を食べますと、精子が濃くなります（笑）。これは、体内で亜鉛質の成分を生成するからなのです。海産物では、牡蠣なども亜鉛を多く含みます。

木の実には、プルーンというものがありますね。干し柿も、同様に良いものです。柿は、木の実というより、一般的には果物ですが、同様です。健康ドリンクにはタウリンという成分が入っていますが、これも、柿に多く含まれる成分です。

また、肉を食べた時には、必ずコーヒーを飲んでください。なぜなら、コーヒーには肉の酸化を中和する効果があるのです。西洋の食肉文化には、コーヒーがつきものです。これは、理にかなっているのです。韓国のキムチも同様の効果があります。これらには、活性酸素の発生を抑える効果があります。

話を戻しますが、普通に日本伝統の食生活をしていれば、間違いがないということなのです。活性酸素の発生を抑える食材は、日本においてはごはんと、味噌汁と、梅干しです。これが三種の神器です。

例えば、お坊さんの食べる精進料理は、約500キロカロリーしかありません。成人男性の一日の摂取量の基準は2000キロカロリーですから、かなり少ないというわけですね。毎日、1／4のカロリーで、お坊さん方は普通の人よりも元気ですね。なぜなら、血がきれいだからです。

では、その精進料理とはなにかというと、ご飯に味噌汁、それにたくあんです。これしか食べていないのです。これに、少し芋類を食べるくらいのものです。それも、量はほんの少しで、それを生涯続けます。それでも病気にもならず、長寿なことが多いですね。

ですから、人間は本来、たくさんを食べなくても生きていけるのです。そのかわり、何回もよくかんで食べます。お経を読んでから食べるということもあるでしょう。食事に、プラーナ、すなわち気が入っています。

私も、山で生活しています。そうすると、食費は月4000円~8000円ですみます。標高でいうと、2300メートルと、割と高いところに住んでいるのです。そうしますと、朝食は朝日だけです（笑）。それから、沢の水を飲みます。昼は飴を一つ、そして、夜は小さなおにぎりを一つ食べ、ワンカップ清酒を一杯飲む。毎日それだけです。病院で血液検査などしてもらっても、まったく問題はありません。

私は以前、体重が90キロ以上ありました。ウエストも120センチです。それなので、病気も色々と試しました。痛風と脳梗塞、糖尿病にもなりました。医者にかからずに、どうやって治すか考えましたね。

そして、食べなければ治ると知りましたので。だんだんと食事を減らしていってそのような食生活にして、とうとう、それらの病気は病院にかからずに治りました。今は体重も75キロでとても元気があり、もはや病気になることもありません。

そのかわり、水分は通常の倍必要ですし、塩分も摂らなければいけません。山伏の行者さんなどは、山を自由自在に歩いていますが、それでも、一日の食事はとても少ないです。

なぜ、これで栄養学的に大丈夫なのかというと、一日中走り回る彼らの呼吸は普通と違い、皮膚呼吸も発達しています。つまり、山の自然からプラーナ、すなわち気を吸収しているので、食べなくても大丈夫なのです。

これは、チベットでも同様ですね。それからシャスタ山、ここも富士山と繋がっています。富士が男なら、シャスタは女性です。

仙人は霞を食べているといいますが、実際はプラーナを吸っているのですね。違いは、皮膚呼吸です。山の上など空気の薄いところでは、皆さんも通常の呼吸では平気ではいられませんので、100日もそのような高地にいますと、自然と皮膚呼吸が強化した体になります（山には大自然のピラミッドパワーもあります）。

ですから、不治の病を薬を使わずに治そうと考えるのならば、山小屋や高いところにある温泉に、一週間ほど行くのでも全然違うと思います。

これからの地球の変化

地球は今、三次元から多次元に変容していくという時期にさしかかっています。これは、５０００年以上前のマヤ文明のカレンダーでも予言されていますし、聖徳太子の未来記という本でも予言されています。さらには、大本教の出口王仁三郎さんも言っています。

それぞれ表現は違いますが、すべて同じ変容を指しているのです。地球にあるシューマン共振という磁場が7，8Hzありますが、その周波数がだんだんとあがってきます。すなわち、地球が変化していくということです。

これは、アメリカの最重要機密となっている内容でもあるのですが、情報公開法によって表に出て来ています。NESARA法と合わせて、知っておく必要があるのです。

地球の環境変化については、皆さんも感じていますね。太陽の光が以前とは比べものにならないほど変わっていることや、異常気象などでもその変化が感じられます。

この大きな変容、すなわちアセンションについて、私は以前からいろいろな情報とともにお伝えしてきましたが、その中でも、スマトラ大地震での例があります。この地震は、マグニチュード9,1という大きな規模のものでした。エネルギーは、広島型原爆に例ると、なんと2万発分もの破壊力があったのです。

また、アメリカのNASAでは、次のようなデータの発表がありました。今から約10年前と比較して、太陽の明るさが1000倍も増しているということなのです。エネルギー出力でいうと、2,3倍、太陽のフレア（放射線）でいうと3倍になっているのですね。こうした科学的なデータとしても、この変容はとらえられているのです。信じられないことが起きています。

それでも、まだ日本にいる私たちは大きな火傷をしないでいられていますが、南極で氷が溶け出してきていますし、各地の異常気象につながっているということなのですよ。

これからの変化は、普段考えているようなレベルではありません。食料もなくなり、人口はもっと増え、戦争や、貨幣経済崩壊の危機もあります。

これらを乗り越えても、地球は10年、20年、30年とはもちませんよと、状況は教えてくれています。

ですから、かのアメリカのゴア元副大統領が「不都合な真実」という本を出版して、そうしたことを発表し、それが正しいからこそ、ノーベル平和賞を受賞したのです。

環境問題のウソはまかりとおるという本もありますが、その中に、南極の氷が全部溶けても、陸地はなくなりませんという文章がありました。しかしそれは、水が大地に吸収されるからなのです。その大地は、地震がくれば液状化してしまいますから、問題はやはり大きいのです。

それなのに、そうしたリアルなデータは改ざんされてしまいます。

なぜなら、産業を止めることができないからです。中国などは、これからもまだまだCO_2を排出するでしょうし、それを京都議定書などで押さえ込んでしまうと、中国のような国の産業や経済は、止まってしまいます。

ですから、代替エネルギーや燃料電池、フリーエネルギーなどに移行していかなければいけないという活動がおきているのですね。

私たち個人が裕福で幸福だといっていても、地球環境の問題などが、個人の生活にまでも影響を与えていくということを忘れてはいけません。

太陽ひとつをとってみても、寿命が近いということがあります。それにより、木星の太陽化計画なども、実際にあったのです。

まず、個人がそれぞれ、すぐにできることをやってみることをお勧めいたします。来たるべき状況に備えてください。私たちは、良いものと悪いもの、これらと隣り合わせの状況を生きています。ですから、良いものを見分けて活用していくということが、求められているのです。

戦争は、60年周期でおこるといわれますが、戦争をしたいという勢力と話してみますと、やはり彼らには戦争が必要とのことです。産業を動かすためや、人間をコントロールするには、戦争が効率的と考えているようです。

今も、地球上では戦争がおこっています。年間のテロの数は約35件で、その犠牲者の数は120万人といわれているのです。

イラクでは、毎日400人以上の方が犠牲になって死んでいっています。それは、発表されていませんね。

大洪水で1000万人もの人々が避難をして、その際に7万人くらいの方が亡くなっていますが、これも発表されていません。

ロシアの大寒波で−《マイナス》60℃になったとき、およそ4000人が凍死しました。数年前のフランスの熱波によって、約2万人が亡くなっています。病院に運ばれた方は8万人です。

スマトラ地震は、8000人でなく、8000所帯の人々が亡くなりました。つまり、私たちがニュースで知る数字はでたらめなのです。

日本においては、交通事故や自殺などで亡くなっている人の数は、実に年間１０万人に上るということです。

私たちは、そのような状況の中を生きているということですね。

福禄寿以外の開運法については、女性は「ネイル開運法」（明窓出版刊）、温泉が好きで気学の方位取りをしたい方は、「温泉風水開運法」（明窓出版刊）をご一読ください！

地球大改革と
世界の盟主
フォトン&アセンション
&ミロクの世
フォトンベルト3部作 最終編
ヤマト意識と神聖遺伝子復活の日
白峰 由鵬
SHIRAMINE UFO
(謎の風水師N氏)
明窓出版

●N氏からのメッセージ

二〇〇二年「フォトン・ベルトの謎」という本が話題を呼んだ。作者の渡邊延朗（以下、W氏）はプロデューサーとして長年活躍し、命を惜しまずに取材するゆえ鬼のWと呼ばれていた。

ロシアのマフィアの取材特集では、遺言状を書いて外国へ行ったほどのタフガイである。

そんなW氏にある時、面白い話題がないかと問われ、アロエベラジュースの話をした。

「アロエは躰に良いから毎日飲みなさい」と。

そして次は妖怪の話（妖怪人間ベラの話）、になり、魔女とは本当にいるんだなあ～と二人で感心しながら、最後はＴＶ番組で世界的に有名な超能力者ベラさんの話題になった。

ここではベラさんの話は省略するが、その時W氏がベラさんから頂いた銀の指輪が輝いた。

そして「ロード・オブ・ザ・リング」の如く、指輪からメッセージが来たのである。

「地球の大変化と光の道を多くの人に伝えなさい」と。

その時W氏は、私の事を信用していないから、そんな事は嘘ですよ、「光の道」なんて宗教の教祖にでもなれと言うんですか（笑）？　と言われ、もしかしてそれはフォトン・ベルトの事だと思うと言ったら、「なんですかそれは？」と聞かれたので説明した。

それから二週間ほど経ってW氏から突然ＴＥＬが入り、あの話の内容わかりました。すごい話です、と感動していた。そしてこれで私の仕事が出来る、この真実を伝えようと彼が一冊の本を出した。そしてこの話題（フォトン・ベルト）をテーマに三冊の本を二人で出版する約束をしたが、私は名前を出さずに情報を提供し、W氏自身でこの話題を日本中に広めて下さい、と言ったら快く引き受けてくれた。

ベストセラー「フォトン・ベルトの謎」の中に登場するN氏とは、実は私自身である。

●運命の出会い

W氏の本が店頭に並び、内容もさりながら「謎の風水師N氏」宛に読者の方から出版社へ多くの問い合わせが来た。かの有名な船井幸雄氏までもがW氏にN氏の事を聞く程であったが、W氏は私との約束により一切語る事がなかった。

そんな時、東京で波動ルネッサンスというイベントがあり、「独立個人」というテーマで講演をしていた一人の男性が気になった。名前はエハン・デラヴィ氏（以下E氏）。男性のくせにスカートをはいていた（笑）。スコットランド人であった。

このE氏と二次会で会話をしたが、なぜか関西弁である。今までこれだけ上手に日本語を話す外人は見た事がない。

それ以上に彼の情報量の多さに驚いた。**実はこのE氏は「フォトン・ベルト」という言葉を日本に広めた情報部員ならぬ張本人である。**

それで私が「フォトン・ベルトの謎」という本を読んだかいと聞いたら、今度はなぜか英語で答えた。そして私は酒の酔いも手伝ってか、私が本に登場するN氏ですと名乗ってしまった。そうしたらE氏は、うちのワイフがさっきまでその本を読んでいたという。あまりにもの共時性（シンクロ）に二人は感動の中にいた。

そしてE氏に私から「フォトン・ベルト」について、貴方の意見として本を出版するように提案した。

それが二〇〇三年に出版された「フォトン・ベルトの真相」である。この本のテーマは人間のDNAにスポットを当てて「人間そのものが光である」という生命進化をわかりやすく説明している。

W氏の本は宇宙をテーマに！　E氏の本は人間をテーマに！　そして私N氏自身は、今回地球をテーマにした本の出版を決定した。

その機会を与えてくれたのは中学校の先生からの手紙と、船井幸雄氏が「人間塾」という本の中で「フォトン・ベルト」をテーマにしてW氏とE氏の本を紹介し、船井メディアにて二人に講演を依頼するなど社会問題として、話題になったからである。

中学校の先生から、一通の手紙を頂いた。

その内容は、「社会科の授業にて、徳川八代目将軍は誰か？　とテストに出したら、なんと生徒の三分の一が、徳川吉宗ではなく松平健（俳優）と答えた」とのことである（笑）。

この話、実は笑うに笑えぬ内容である。

そして、もしこれから地球に明るい将来があるならば、ぜひ子供たちの将来の為に、正しい歴史・正しい情報を伝えて頂きたい、と結んであった。

また、経営コンサルタントとして有名な船井氏までもが、これを真実の話題として取り上げた事に大いに注目した。

船井氏には直感力があり、五〇〇〇社を超える顧問企業がある。そんな立場の人にまでこの問題を真剣に受け取って頂けた事がとてもうれしかった。

二〇〇三年十月五日、船井メディアの「フォトン・ベルト」講演に特別ゲストとして参加したが、会場は一万人の参加者で満席。とにかく、真剣にこの問題をとらえていた。そして多くの人が事実として受け止めた。ただ残念な事に、中学生や高校生の姿が少なかっ

た。逆に多くの会社経営者たちが参加していた。（これからの会社の危機管理情報として、経営者諸君も考えているようだ）

私がN氏として、実名を出さなかったのには大きな意味がある。

一つは、私自身の創造の世界で制作したドラマではなく、Nとはナチュラル（大自然すなわち地球）とN（ニュートリノ・素粒子）からのメッセージとして伝えたかった事。そしてもう一つ、Nとは（NAKAIMA）、中今（ナカイマ）という意味がある。

この言葉は神道の世界では最も重要とされ、簡単に言えば、「今の一瞬一瞬この時を生きる」という深い意味がある。

故にこの本の著作は、私、白峰由鵬ではなく、宇宙意識・地球意識でもなく、「生命の本質」からのメッセージとして受け止めて頂きたい。

●フォトンとは何か？

フォトンとは光エネルギーのことで、「光子」と訳される。

水素やヘリウムなど元素の一番小さな状態を「原子」というが、原子の中心には陽子と中性子からできた「原子核」があり、その周りを回っているのが「電子」である。

また、イギリスの物理学者ポール・ディラックは一九三〇年に、電子などの素粒子（物質を構成する最小の単位）には反粒子とよばれる別のタイプの粒子があることを理論的に予言した。

一九三二年には、アメリカの物理学者カール・アンダーソンが電子の反粒子を発見し、陽電子（ポジトロン）と名づけた。

フォトンとは、この電子と陽電子が衝突するときに生まれる。衝突すると電子と陽電子は双方ともに消滅し、二個または三個のフォトンが生まれる。

そして、フォトン・エネルギーはすべての生命体を原子レベルから変成させ、遺伝子レベルの変容も行ない、進化させるのだ。

しかしながらフォトンによる変革も、臨界点に達するまでは周波数の共鳴が起こらないので、普段と比較して、一見何の変化も起こっていないように感じられるのだという。

フォトンを物理学的に解説すると、いわゆる光は光の粒々としては光子（フォトン）であり、波としては電磁波と呼ばれる。そして、この光子が電磁気的な力を媒介しており、そういう力の働いているところが「電磁場」と呼ばれている。

フォトンは太陽からも発生している。太陽の内部で核融合反応によって生成される膨大なフォトン（放射エネルギー）は、地球大気によって吸収されたり、散乱したりしながら、粒子の状態で地表に達している。

その光子が帯状になっている状態を「フォトン・ベルト」と呼ぶ。

フォトン・エネルギーは、人類がまったく扱ったことのない未知のエネルギーである。このエネルギーが与える影響で最大のものは、もし仮に地球が「フォトン・エネルギー」の影響下に入った場合、まず地球磁場の減少という形で表れるという。

こう書いても、読者にはなかなか理解できないかもしれない。だが、すでに私たちはその「フォトン・エネルギー」の影響下にあるのだといえば、多くの読者は驚かれるであろう。

(これから本書に登場するN氏は、宇宙からのメッセージそのものとしてご理解頂きたい)

☆予言されていた二十一世紀の真実のドラマ

以前からお話ししてきた二〇〇八年、二〇一〇年、二〇一二年というアセンションに向かっての時間軸の区切り。二〇〇八年社会システムの崩壊、二〇一〇年人類のDNAに異変、そして二〇一二年アセンション。これは今現在の時間軸の推測から言ったもので、早くなる可能性はあっても、遅くなることはない。
人間の集合意識と宇宙エネルギーは共鳴する。だから皆さんが望めば早くなるのである。二〇一二年アセンションと言わず、極端な言い方をすれば来週来るかもしれないのだ。(今、飛行機に乗るとアテンションでなく、アセンション・プリーズと言ってます)(笑)
現在地球には約七十億の人間がいる。アセンションにはそのうちの十三%、約十億の人間の共通意識が必要となる。今アセンションのことを知っているのは、西洋で七万人、日本では二万人。しかし言葉として知っているだけで、内容を真に理解しているのは、世界中でたった三千人である。
政府見解や学者は、絶対に発表しない。パニックが起こるからだ。また、社会経済の崩壊を認めるようなものだからである。また、宗教的、科学的解決は絶対に望めない。なぜなら全て宇宙の意思。全ては時が解決する、時の世界の問題なのだから。そして地球自身の意志が!(地球人類はこの問題を受け止めて参加するだけ)

上昇する「シューマン共振」

七・八ヘルツの「シューマン共振」は、地球の呼吸リズムなのだ。風水の世界では風水処理をするということは、地球の共鳴波と同じ周波数に合わせることによって、風水としての癒しろ地というものが出来るようにすることなのである。

けれど今、地球の呼吸数がどんどん上がってきているので、人間の呼吸振動も上がってきている。人間の心臓の鼓動中の周波数は二・二（血液が体内を一周する時間は二十二秒）「七八対二二」俗に三次元的に言うところの黄金率である。地球も人間も創造された時点では、バランスがとれていた。しかし、地球の呼吸数が上がってきているので、人間の心臓の中にある生命構造の周波数も変わってきている。

地球のバイブレーション

地球には一から四までの、地球上の全ての生命体が受けているバイブレーションがある。しかし、最近になって今までに生命体が受けたことのない第五のバイブレーションが、地下一五〇〇メートル以下のところで発生しているのが判明した。「フォトン・エネルギー」は宇宙からだけ降り注いでいると思われていたのだが、それと共鳴して地下一五〇〇メートルの地球内部からも出てきているのである。

「スーパーカミオカンデ」（岐阜県神岡鉱山の地下一〇〇〇メートルの深さのところにある神岡地下観測所の観測装置）のニュートリノ（宇宙線）の観測センサーが、「フォトン・エネルギー」で破壊されたとも言われているが、地球内部から振動しているものが伝

達して壊されたという説もある。（地球自身の生まれ変わりの波動）

地球内部から来ている振動数がだんだん強くなったり活発になってくると、地球のマグマの動きも活発になってくる。そして三次元的な現象でいうと、海流の流れが変わってくる。その為、最近のようにイルカやクジラが浜に打ち上がってくる。

シューマン共振からくる地底のエネルギーの為に、まずマグマが動いている。それと同時に火と水が対応するので、海流の流れは変わってきているのだ。

また、今まである一定の場所からよく採れていた海洋深層水が、最近採れなくなってきている。このように潮の流れが全部変わってきているのである。

そういう現実問題、実際目に見えてはいるが、ただ私たちの生活の中では、まだ現象として出て来ていないだけなのである。

サイクロトン共振理論

「シューマン共振」は二〇〇〇年には十三ヘルツ。最終的には二〇一二年に二十二ヘルツまで上がる。

ここまでいくとＤＮＡの螺旋《らせん》変換が起こってくる。周波数が上がることにより振動数が増え、ＤＮＡの回転速度も上がってくる。地球にある生命体のエネルギーの正常磁場というものは右回りだ。ところが「フォトン・エネルギー」というものは、宇宙光線なので左回りである。そのため、ＤＮＡにこのエネルギーが入ると、螺旋がほどける現象が起こる。絡まっていたものがほどける、その時どのような状態になるかというと、高熱が出たりなど風邪のような症状になる。

螺旋がほどける時点で、色々な波動病というものが起きてくる。既に皆さんの中には、経験しておられる方もいらっしゃる。コンピューターを毎日扱っている人は特に要注意。人間の肉体に必要以上の電荷負荷がかかると、螺旋がほどけやすくなる。

コンピューターを通して、「フォトン・エネルギー」を間接的に媒体していることになるのだ。体が疲れたり、だるくなったり、眠くなったり、高熱を出したりと肉体的な影響が出て来るのは勿論だが、その前に感情的に爆発してしまう。何かイライラしてしょうがないとか……。それがもっと周波数が上がってくると、十八ヘルツ位までは不機嫌で気持ち悪いという状態。十八ヘルツを超えると螺旋はまた右回りに戻り、二十二ヘルツでストップする。それは一体どういうことかというと、その間にＤＮＡの組み替えが起こるということなのである。左回りになっている間に、ＤＮＡにはどんどん「フォトン・エネルギー」が入る。そして、もっと周波数が上がると右回りになり、「フォトン・エネルギー」

を体の中に取り込んでしまうのだ。そうすると人間の体は、半物質化してしまう。この時はどういう状態かというと、まず夜寝なくてよくなる。食事をしなくてもよくなるのだ。

なぜこのようなことが起こるかというと、人間の生命体、俗に炭素系生命体とも言われるが、私たちは太陽エネルギーが変換した物を、食物として栄養を摂《と》っている。ところがフォトンもエネルギーであるから、それを吸収して共鳴を起こすと、食事を摂らなくてもよくなる、そういうことが起こってくるのだ。後五年ほど経てば、もしかするとフォトン太りなどというものが起こってくるかも？（笑）

満月の日は脳センサーのスイッチが逆転して、交通事故や異変が起こりやすくなる。フォトンの影響を受けるということは、常に満月と同じような状態にあるということなのだ。常に脳波に異常をきたしているのである。そして地殻の中からの変動があると、ますます脳のセンサーが狂いやすくなる。

今現在の自殺者は、年間二万人。ところが本当に苦しくて自殺をしているのかというと、そうではなくその殆どが突発死なのだ。何かが突然切れてしまう。多分これからの世の中は病死よりも、突然死が多くなることだろう。

魚に七・八ヘルツ以上の低周波をあてると、向きが変わったりおかしい行動をし始めてしまう。魚でもそうなのだから、これだけ「シューマン共振」が上がってきている今、人間がおかしくなるのも当たり前のことかもしれない。

●意識とは何か

私が研究している宇宙意識考学とは、人間の意識が物質とかエネルギーに作用する法則を勉強するものである。

アメリカの新聞に「フォースの乱れ」という記事が、九月十一日の同時多発テロの後に載った。フォースとは人類の共通意識のことを言うのだが、これを専門に研究している機関がある。研究結果が公表されることはほとんどない。同時多発テロで、そのフォース、人類の集合意識が、地球規模で一瞬大きく揺らいだのである。

何が言いたいかというと、アセンションというものの情報を、皆さんが正確に、的確に受け取り、意識の中で理解すれば、「フォトン・ベルト」の中に入りアセンションする時に、共鳴現象を起こすことができるということなのである。エネルギーとの共鳴だ。そうすると、すんなりとその世界に螺旋変換して行きやすくなる。ところがそれを恐怖とか、マイナス想念で受け取ると、人間の意識、ＤＮＡの中にブロックがかかってしまうのだ。

（バイオフォトンですよ）

地磁気の存在

地球の強力な地磁気がなければ、生命誕生はあり得なかった。人間の体は丹田をピラミッドの底辺として、上向きと下向きのピラミッド状の生命磁場の渦に守られている。目には見えないが、ピラミッド形の生命磁場があるのだ。これを変換したものがグラビトン（重力波）である。

人間を人間たらしめるのは、神経があるからだ。この神経の中に、パルス（信号）として生命磁場が地球と共振を起こし、人間が存在しているのだ。なぜ人間が二足歩行できたかというと、このピラミッド生命磁場が確立しているからなのである。

西洋では、飛行機に乗っている人の、宇宙線被爆量が高いといわれる。しかし東洋、特に日本は生命磁場のマイナスエネルギーを受けにくい。なぜかというと、日本列島は火山で出来ており、大きなシールド（結界）で守られているからである。ですから日本人はフォトンの影響を世界で一番受けにくい場所に住んでいることになるのだ。

また東洋人種と西洋人種の遺伝子は違い、螺旋の形自体も違っている。白人種の方がフォトンの影響を受け易く、特にオーストラリアが世界で一番早くアセンションに向けての生命磁場への影響を受けるだろう。オーストラリアでは紫外線がとても強くなってきており、それはとりも直さず「フォトン・エネルギー」が強いということになるからだ。

太陽活動が活発になると、交通事故と精神分裂症が平常時に比べて、二〜四倍になると言われてはいる。しかし実際は、地球磁気と地球が持っている磁気、磁気変化を起こす原因は九十九％は周期的に地球内部で起こっているもので、残りの一パーセントが太陽風を始めとしたその他の要因によるものなのだ。つまり九十九％は、地球の中との共鳴現象で起こっているということなのである。

「光の十二日間」の作者ゲリー・ボーネルは、「フォトン・エネルギー」は全て宇宙から来たエネルギーとして対応しているのだが、私は地球の中から発信して共鳴しているものだと思っている。

チャクラと「フォトン・エネルギー」

「フォトン・エネルギー」が高くなると、シューマン共振と連動している脳の中にある海馬という部位に影響がある。周波数が上がれば、前頭葉（眉間《みけん》の奥・脳幹に一番近いところ）にある海馬（記憶統括センター）のエネルギーも変わってくる。

人間の体には、七つのチャクラ（尾てい骨・丹田・へそ・胸腺・のど・眉間・頭上）がある。チャクラとは簡単に言えば、宇宙エネルギーと共鳴を起こしやすい場所のことだ。チャクラが共鳴しやすいということは、そもそも七つのチャクラそれ自体が、それぞれで共鳴を起こしているので、宇宙エネルギーとの共鳴と相まって開きやすくなるということなのである。それは、言い換えればチャクラに「フォトン・エネルギー」が入りやすくなるということだ。

そうなると人間はどうなるか……。見えないものが見えてきたり、感じなかったものが感じられるようになったり。実際そういう現象が起こってきている。それが顕著に起こってきているのが今の子どもたちである。子どもたちが特に影響を受けやすいのだ。

だから、このエネルギーを受けると学校に行きたくなくなる。学校が嫌いなのではなく波動病になっているのだ。もちろんチャクラも活性化している。

学校のカウンセリングの先生に聞くと、今の子どもたちはもうすでに見えないものが見えているのだそうだ。そして、そういうものを信じた時に想念の中でキャッチ・アップしてしまうのだそう。大多数の親はこの現象をわかっていないはずである。

そして何より一番顕著《けんちょ》な例は夢である。リアルな夢を見る。そして夢で見たことが現象化するのが早い。時間の流れ、それ自体が早くなっているのだ。このことを体験された方もきっと多いはずである。(映画「シックスセンス」の世界)

生命磁場の狂い

日本はある程度シールドで守られている。しかしいかんせん日々瞬々刻々と周波数が上がっているので、他の国々の人々に現れてきている意識は、戦闘体質そのものだ。このように冷静な判断をしていくと、九月の同時多発テロ、その後に続くアフガンへの報復、一触即発にまで至ったインド・パキスタンの状況などが、何からの影響なのかよく見えてくる。

地磁気は限りなくゼロに

「シューマン共振」はどんどん上がってきているが、それとは逆に地磁気は限りなくゼロに近づいている。実際、完全に地磁気がゼロになると、地球は極点移動（ポールシフト）を起こしてしまう。科学者の観測では地球が創造されて以来、六回ポールシフトが起こっている。**そして七回目のポールシフトはアセンションという形で起こる。**私の予測では、アセンションという概念を取り外したとしても、地球の磁場は後三十七年で完全に消滅してしまう。

地球温暖化

急激な地球温暖化の為、今年の始め頃から南極の氷河は、島根県や埼玉県位の大きさのものが次々とメルトダウンしている。ニュースなどでは百年後に海水面は七十メートル上昇すると言っているが、実際のところ、もっと早くやって来る。第一、人間は一メートルの水が引かないで、常にある状態に耐えることができない。どうにか我慢できるのは、ブーツの高さまでだ。ひざの高さを越してしまうと心理的にパニックになってしまうのである。電気を使うものは全てアウトだし、産業経済もストップしてしまう。

南極の氷河は、今年一月~三月のたった二ヶ月間で、地球時間で言えば氷になるのに二十五万年かかったものが、溶け出してしまったのだ。以前に、もっと大きなものが四つも五つも溶け出したこともある。しかし南極条約がある為に、報道されることは殆どない。新聞などで報道されるということは、よほどひどいところまできているからなのだ。実際、京都の地球温暖化会議で議定書が取りまとめられるほど、切羽詰まったところまできており、暗黙の内に何とかしようというところなのである。

☆人類の未来を予言するサイクロトン共振理論

細胞分裂の際にＤＮＡは二分されるが、この時螺旋状の遺伝子がほどける瞬間がある。

ここにもし、生体波動情報に紛らわしい電磁波（一六ヘルツ周辺）が作用しますと、DNAからカルシウムイオンが抜け出てその働きが阻害され、正常な遺伝情報が転写・合成されない事態が生じることが指摘されている。

この問題の重要性は、細胞レベルでのカルシウムイオン代謝や荷電粒子の流れに直接影響するというところである。

これらの変化によって細胞活動に異常を発現するというのが、サイクロトン共振理論だ。地球の脳波・基礎周波数とも呼ばれる「シューマン共振」は、二〇〇八年には、一六ヘルツに達する。そうすると地球上のあらゆる生命体の遺伝子は狂いを生じる可能性があるのだ。

たとえば昨年、日本でも問題になった狂牛病だが、初めにイギリスで大きな問題となって浮上してきたのは、九〇年代に入ってからである。その原因は、殆ど全ての生物が持つプリオン蛋白質遺伝子の異常変化によって、起こるとされている。（正常プリオンのアミノ酸の螺旋構造が、何らかの理由で変化したものを「異常プリオン」と呼ぶ）

【狂牛病・異常プリオン】一般に動物から動物へ感染する病原体は細菌やウイルスだが、狂牛病にはそのような生命体の関与は一切見られず、「異常プリオン」と呼ばれる生命を持たない蛋白質が病原体。

牛も羊も、そして人間も、実はこの「異常プリオン」のもとになる「プリオン蛋白質」を元々持っているが、もちろんそれ自体、生命体内では何の病原性もない。

しかし、その構造の一部が変わり、「異常プリオン」と呼ばれる別の蛋白質に変身すると、脳神経や脾臓《ひぞう》などに集積し、病原を持つようになる。

以上のように体内に元々ある、「プリオン蛋白質」が「異常プリオン」に変化することが、病気の引き金となっている。

牛の場合は、これが狂牛病であり、羊ではクレイピー、そして人間では主に高齢者に見られ、百万人に一人の割合で発症するクロイチフェルト・ヤコブ病。

では一体、この異常変化は何によってもたらされるものなのだろうか。

プリオン遺伝子から作られる「正常型プリオン蛋白質」が「シューマン共振」の異常な上昇によってその遺伝情報が正しく伝えられず、転写・合成されない為に、「異常型プリオン」になってしまうとは考えられないだろうか。

今まさに、人類は重大な岐路に立たされているのだ。

●水瓶座の時代

太陽系の星の中で一番「フォトン・エネルギー」を吸収しやすいのは地球である。なぜなら地球は水の惑星で、「フォトン・エネルギー」は火のエレメント（成分）だから、火と水は共鳴するのだ。だから今、海流・海水の変化、海の塩分濃度までも変わってきている。人体も七〇％が水である。ここに水瓶座の暗号が隠されているのだ。水瓶座の時代というのは、水によって世の中が変わるという時代なのである。南極の氷が溶けて水浸しになるのも水の世の中であるし、地球も七〇％が水（アクア）であるから、宇宙エネルギーと共鳴を起こす。人間も七割が水。人体に大きな影響があるのは当たり前のことなのだ。

二〇一二年の冬至、「フォトン・ベルト」に突入。二十年に一度行われる伊勢神宮の次の式年遷宮は、ちょうど二〇一二年にあたる。また、ピラミッドの中はタイムスケジュールになっていて、そこには二〇一二年以降のカレンダーは書かれていない。

宇宙問題、エジプトのピラミッド、伊勢神宮の立て替え、全てシンクロしているのだ。

二〇一二年からは新時間軸がスタートする。時間軸がまったく変わってしまうのだ。時間軸（横軸）と次元軸（縦軸）は共鳴を起こす。時間軸が変換すれば、次元軸も変換する。例えば今、インターネット社会で、以前は一日かかったものが一、二分で済んでしまう。出向いていかなくても、情報は一瞬にして送れる。だから、皆さんはコンピューターを通じて時間軸を変えているのだ。そしてそれは次元軸も変えているということなのである。フォトン・エネルギーが一番共鳴を起こしやすいのは人体だが、もう一つコンピューターの電気信号とも共鳴を起こしやすいのだ。

☆ 未来小説（神話としてN氏からのメッセージ）

一、地球内宇宙説

A　物質宇宙は太陽系まで

B　フォログラムとしての全天宇宙

C　宇宙人は地底人、そして限りなく小さい宇宙とは？

よく宇宙空間は無限にあるとか、どこまでも続く広い宇宙があると言われているが、私は太陽系までしか存在しないように思えてならない。そのわけは一般には公表されていないが、ある政府の研究機関で、太陽を通り越して太陽系の果てまで移動したら、なんと太陽系を抜けた途端に反対側に戻って来たという、浦島太郎みたいなおとぎ話が実際あるわけである。

なぜそういったことを隠すのかと言うと、たぶん大変都合が悪いからだと思う。次元宇宙であることには変わりはないのだが、この三次元物質と関連したフォログラム、物質宇宙ではないかと思えるのだ。

ただしシリウスの場合は、太陽系の創造にとても関係がある。この太陽系に最も近い星というのはシリウスなわけである。この地球から見て一番輝く星シリウス、すべての地球文明に影響を与えた星。

地球以外の太陽系には人間が住めないと言っているが、これは嘘である。月の裏側にも、火星の地下にも、人間が十分住める状態の所がある。水星も、金星も、一部はそんなに暑くない。

それなのになぜ地球以外には住めないことにされているかといえば、我々の意識を地球から外に出さないための、一つの戦略ではないかと思われる。


では仮説として宇宙空間が存在するのであれば、実際はどういうものだろう。宇宙というものは地球の内部、地底深くの空間にエネルギー体として存在し、俗に言う宇宙人は遠くの宇宙から来るのではなくて、地底宇宙空間から飛来しているという説を唱えている人がいるが、私もこの説は正しいと思っている。

そしてまた逆に、宇宙人は地底人という存在ではないかと思われる。すなわち過去にアトランティス・レムリアという大陸があった時代に、そのアトランティス人の一部が、自然災害から逃れるために地底深く潜り、そして地底を開発し、最新のテクノロジーを持って、地底空間に住んでいると。その一部の伝説がシャンバラという名前で呼ばれているが、地球の地下にはまだ発見されていない多くのものが存在し、また逆に発見できない多くのものが現実として存在するということを、皆さんに考えていただきたいと思う。

私は一つ、面白いことを皆さんに提案したい。

以前、「メインブラック」という宇宙人の映画があった。すなわち宇宙というものはそんなに凄く大きなものではなくて、我々の人体も小宇宙と言われるように、原子や素粒子の世界、光り輝く素粒子が宇宙であり、逆に、無限に小さい存在の中に、宇宙意識、宇宙エネルギー、それから星のエネルギー体というものが存在しているという、これはあくまでも仮説である。この点に関しては皆さん、ウイスキーでも飲みながら、ゆっくり星空を眺めて考えてみてほしい。（笑）

二、世界政府の人口削減計画とフォトンの関係

A　人口削減の本当のところ（地球温暖化・リストラとウルトラ）

B　神々の指紋とシナリオ（ポールシフトと食糧危機　人類1／3へ）

人口削減計画があると言うと、ユネスコだ、国連だ、世界政府が作ったんではないかと言う人もいる。実際そういう話を私も聞いたことがあるが、それ以上に問題はプレアデス星団のフォトン・ベルトである。何百光年も離れている宇宙エネルギーが、果たして地球に影響を与えるか？　という問題が出てくる。

それと同時にそんなに離れているものよりも、この太陽、それからつい最近来た火星、ニビル、こういったものからはどのような影響があるのかということである。

こちらの方が地球に大きな影響を与えているのではないだろうか、距離から考えると。

しかし、地球内宇宙説というものが正しいとすると、宇宙に於けるすべての現象は地球の内部で起こっているということだ。地球の内部で起こっているということはすなわち、地球そのものの意思であり、地球そのものの活動であるということだ。

ですから我々は、この地球というものに目を向けていかなければならないのだ。

なぜなら我々の生命はアンドロメダ星雲にあるわけではなく現実、今生きている存在は、

この三次元と呼ばれている地球にあるからです。

フォトン、太陽フレアーだけの問題ではなく、宇宙との問題にあるとすれば、宇宙そのものが地球の中に存在しているのであれば、すべて地球の問題として、捉えることができるのである。

人口削減計画の本当のところ、地球は今、リストラとウルトラ計画の二つがあるということだけを皆さんにお伝えしておきたいと思う。(ウルトラ計画とは、宇宙人による地球人類の救済です)

ポールシフトと食糧危機、人口1／3へ、これも問題がある。これはどういうことかというと、世界政府の人口削減計画ではないかと思われる。

そして食糧危機というものも気象兵器を使って、人口的に演出しているのではないか？しかしやり過ぎて、手におえない状態になってしまったということが考えられると思う。

だから世界政府の人口削減計画というものは、これから、二〇〇八年から二〇一二年のアセンションにかけて、大きな問題として出てくるのではないかと思う。

やはり一つの計画の中で運営されていくものもあると思うが、最終段階では人間のコントロールを超えた地球そのもののガイア意識が、更なる進化のために演出したドラマであるということを覚えておいてほしい。

三、二〇一二年以降の世界（時の旅人）
A　火星移住計画（肉体を持って一部移住）
B　ムー大陸浮上説（五次元霊体として新しい大地で生活）
C　地底宇宙へ移動（スターシードは自分の星へ帰る）

二〇一二年以降の世界について語る場合、これは今のところ現在誰も公表していない。N氏の未来予測は、宇宙空間への移動らしいので、この三つについてお話ししよう。まず一つ目は、火星移住計画についてである。

六万年振りに地球に近づいた火星。何も影響が無かったと思うが、地球の北極やロシアに、本来なら百個近くの彗星がぶつかる予定だったのが、一個も当たることなく、まぁ、一個か二個はロシアに落ちたようだが、公表はされていない。今現在、まだ安全な状態である。

しかし、これが二〇〇三年の現在でだが、二〇一二年までの間で、どういった現象が起きるか？　と言うと、月が地球人の生命磁場、潮の満ち引きに大きな影響を与え、今回火星に生命エネルギーに関わる反応を起こして、どうやら近い将来には火星そのものが、地球のように緑の星になる可能性がある。そこで、火星に移住する人々も出てくる。

火星探査など行われているが、以前から多くの探査がなされている。しかし、公表はしていない。次に二〇一二年、新しく次元上昇して、三次元から五次元に移行する時点で、地球そのものが三次元から五次元になると、物質的な生命磁場は完全に霊体となり、この新しいレムリア大陸、ムー大陸で地球に残った人間が生活する可能性がある。

ムー大陸というものが浮上するが、これは物質体ではなく、エーテルエネルギーの五次元波動の大陸だったという可能性があり、地球が五次元にシフトする時点で再浮上。ムー帝国はエネルギー体でできた光に満ちた大陸ゆえに、大変容を起こす可能性がある。その時点で、太古から今まで、海に沈んでいた古代遺跡が浮上し、五次元の霊体人間となった新人類が、新しい大地で生活をする可能性があるということなのである。その可能性が世界中で一番高いのが日本であるということ、これが二つ目である。

それから三つ目の、地底宇宙へ移動ということだが、宇宙からスターシードやワンダラーと呼ばれる宇宙の星の代表は、生命の起源の星に、地球での学習を終えて戻るのではないかと思われる。

そういった人たちは、すべて宇宙空間へ移動するという可能性があるわけなのだ。

この三つ、火星移住計画、ムー大陸浮上、地底宇宙へ移動とあるが、あなたはこの中で、どれに残る可能性があるだろうか。自分自身で考えてみてほしい。

四、二〇一二年以後、二つの太陽系文化の始まり？（2020年から）

A　シリウスを中心とした新太陽系文明の始まり

B　太陽は物質界と肉体に！　シリウス太陽は霊体の覚醒

C　二〇二〇年、月は火星へ移動（物質世界の終了☆月はシリウスの人工衛星）

今回、ニビルという星によって太陽系の全ての軌道が修復された。それは二〇一二年以後、新しいもう一つの霊太陽、シリウスを中心とした太陽系に再編成される。

そこでシリウスを中心とした新太陽文明が生まれる。神秘、覚醒というものがシリウスのテーマであって、人間の在り方、命の在り方というものを皆さんで学び、生命大進化に向けて常にその問題を提起しながら生きていく、というのがシリウス文明なのである。すなわち意識文明である。シリウス文明を簡単にいうと意識文化の始まりだ。人間が普段抱いている思い、この思いが現象化し、この思いによって新しい空間に、新しい磁場を作り出していくというのがこのシリウス文明である。

太陽は物質界、この物質宇宙に大きな影響を与えてきたけれども、新太陽はシリウスを中心とした太陽周期に変わるから、将来的には太陽系そのものも物質宇宙からシフトを起こして、最終的には八次元太陽系になる。

そして太陽は今の役割を終了し、シリウスの太陽によって完全に新文明が運営されるのだ。

それと同時に、地球時間で約二〇二〇年頃、月そのものが移動する可能性がある。これはなぜかというと、月そのものがシリウスの惑星であり、地球に生命文化を持ちこみ、物質文化を作らせるための、地球に磁場を作るための、大きな作用を地球宇宙に与えるという役目を終えたわけだから、二〇一二年以降はシリウスの惑星ではなくなるのだ。

それで新たな星を目指して、新たな生命の宿りそうな物質宇宙を目指して、月そのものが再び生命進化の旅に出ることになる。

どこに行く可能性があるかというと、先ほども言ったように、今度は火星の軌道衛星として、新たに存在する可能性があるということだ。

地球は五次元の星となったので、もう月を必要としない。そして今までの太陽がこれからは、そのエネルギーを地球化のために火星に送り、そして月が火星をサポートする。

五、覚醒新人類（コーディネーターによる）未来とは
A　世界政府の新設と宇宙文明の始まり（不老不死・聖書の千年王国の到来）
B　天皇制と宇宙連合の役割
（世界の中心日本と大和民族の中にあるＤＮＡの黄金暗号）

※　大和民族とは日本国土に住み、日本語を話す人々を言う。
（決して日本人にあらず、外国人も含む）


コーディネーターという言葉を皆さんはご存知だろうか。

覚醒新人類とは何も覚醒剤を吸っている若い人たちとか、そういったことではなく、魂の響きを感じ、新しい肉体、エネルギー体となった人たちをコーディネーターと、宇宙連合では呼んでいるそうだ。

「ガンダム」の映画の中にもコーディネーターと呼ばれる新人類がおり、大変似ているところがあって、自分の潜在能力をすべて発揮できるミュータントである。

夢の世界ではなく現実の世界でも、我々地球人類が進化することによって、新しい人類の未来を作るコーディネーターに成り得るということだ。

世界政府新設とは従来のイルミナティー（啓発）ではなく、新人類コーディネーターによる、新世界秩序を表す、聖書の中の千年王国の到来、不老不死とかミロクの世とか言われているが、二〇一二年以降、コーディネーター達が新しい地球文明を作っていく。

そしてその時に重要なのが、天皇制と宇宙連合の役割なのだ。

万世一系の天皇制がなぜ重要なのかというと、この地球上で天孫降臨の歴史もあるが、天皇そのものよりも天皇制という制度が大変すばらしいのである。宇宙連合はこの制度を生かし、新たにこの地球連合というものが世界政府となり、宇宙連合がこれに協賛・協力し、どうやら新生レムリア大陸、ムー大陸の浮上にて、五次元社会、光り輝く五次元となった地球人、なかんずく日本人は、黄金民族として、黄色人種ではなく黄金人種として、この世界の中心民族となって生まれ変わり、新しい文化、新しい社会、新しい経済を全部作るということが預言されている。私もそうなるのではないかと真剣に考えている。（超資本主義のスタートです）

これは決して人種差別ではない。白人だからなれない、黒人だからなれない、西洋人だから、日本人じゃなければだめか、そういう意味ではなくて、ただ日本にいる人ならなり得る。また過去世で日本に生まれた人もほとんどだが、あらゆる歴史のカルマを清算し障害を乗り越えて、地球と一体の意識となった人を覚醒新人類、コーディネーターと定義すれば、この地球そのものが新しい千年王国を作るための人類の代表となり、宇宙連合の協力のもとに明るい未来があるわけである。

アインシュタイン・世界の未来

「世界の未来は進むだけ進み、その間、幾度か争いは繰り返されて、最後の戦いに疲れる時が来る。その時、人類はまことの平和を求めて、世界的な盟主をあげねばならない。この世界の盟主となるものは、武力や金力ではなく、あらゆる国の歴史を抜き越えた、最も古く、また尊い家柄でなくてはならぬ。世界の文化は、アジアに始まって、アジアに帰る。そしてアジアの高峯、日本に立ち戻らねばならない。

我々は神に感謝する。我々に日本という、尊い国を造っておいてくれたことを」

風水国家百年の計

LOHAS・ワンネス・地球維新

(NESARA・アセンション2012)

中今を生きて悠天に至れ

環境地理学博士

白峰

SHIRAMINE

── 明窓出版 ──

協力

風水学の原点とは、観光なり

観光は、その土地に住んでいる人々が自分の地域を誇り、その姿に、外から来た人々が憧れる、つまり、「誇り」と「あこがれ」が環流するエネルギーが、地域を活性化するところに原点があります。

風水学とは、地域活性化の要の役割があります。そして地球環境を変える働きもあります。

(観光とは、光を観ること)

2012年以降、地球人類すべてが光を観る時代が訪れます。

〈風水国家百年の計出版にあたり〉

白峰氏とは地球創造期からの盟友である。
このたび本の推薦文を書いてくれと依頼された。
この本の内容を理解せずとも「大義を知ること」
その大切さを是非理解していただきたい。

インドの哲学者ダゴールは
「哲学なき政治・感性なき知性
労働なき富は国を滅ぼす」
と述べている。

国家百年の計とは大義なり

（大義）

名理何人するものぞ　地位何物ぞ
断じて名聞利欲の奴となる勿れ
士道義より大なるはなく
義は君臣を以て最大となす
出処進退総て
大義を本とせよ

裸の王様達へ

「行蔵は我に在り」
メロビンジアン

はじめに言霊ありて

中今に生きて悠天に至れ

神道の言葉に「中今《なかいま》」という言霊がある。日本文化とは？　日本人とは？　いろいろ外国の方から質問された時、私はこれからの日本人、いや地球人の生き方とは、「中今」に生きる事と講演会で話をしている。この言葉の意味を知りたい方、は広辞苑で調べて下さい。（笑）

私たちは、過去の歴史にとらわれず、未来に憂いる事なく、今の瞬間を精一杯生きてこそ、「神人合一」の極みである。

日本人の天命については、「㊉日月地神示」（明窓出版）を読んで頂きたい。

そして、来たるべき未来の指標として「地球大改革と世界の盟主」（明窓出版）を再読して頂きたい。

宇宙人と地球との関係を知りたい方は、「宇宙戦争」（明窓出版）を読んで下さい。

「風水国家百年の計」

一年の計《はかりごと》の為に米を植え
十年の計の為に樹木を植え
百年の計の為に民を植え
千年の計の為に徳を植える
万年の計の為に万世一系を知れ
中今に生きて悠天に至れ

中今悠天拝
(白　峰)

「国家鎮護、風水国防論」

国家鎮護とは、国を護るための修法祈願の行をおこなうことです。

風水都市といわれている「江戸」も、国家鎮護の祈願によって造られた町なのです。平安京も平城京もそうですね。全部、国家百年の計のプランニングの中で造られました。

国を造って、何百年、何千年ともたせるために、必ず行う行事、それが国家鎮護です。どういう行事かというと、俗にいう祈祷であったり、風水であったり、環境学でいう地勢を応用して、気の澱みを調整したり、などといろんなことをやるのです。

しかし、風水は本来は話すべきものではないのですね。伝えるべき内容ではありません。(秘すれば花、柳はみどり、花は紅の世界ゆえ)

でも、情報公開法などができてきましたし、風水という仕事を理解していない方が非常に多いので話しています。

香港に行きますと、風水師は高級官僚であり、経営コンサルタントです。香港だけで二万四千人ぐらいの風水師がいますが、ものすごく社会的地位が高いのです。(上は数十億円の年収がある)

では、日本の官僚のなかに風水師はいるでしょうか？　正式には一人もいません。昔は、たくさんいました。日本の初代の風水師は「阿部晴明《あべのせいめい》」です。彼は陰陽師《おんみょうじ》といわれていますが、風水師で高級官僚だったのです。

陰陽道や風水を信じるのなら、今の時代の日本政府も、東大の宇宙開発センターの中に風水師を置かなければならないのです。

阿部晴明の頃は、「天文所」という役所がありました。今でいう天体観測所や宇宙開発センターのようなものですが、その役所に陰陽師や風水師がいたのです。

彼らの役割はすごく重要なのですが、今の国土交通省は土木工事をするときに、風水師を呼びません。神主さんが地鎮祭で御祓いをするだけですよね。

だから、羽田空港の鳥居を移動できなかったのです。江戸は源氏の地であり、神田明神にある、平将門《たいらのまさかど》の首塚を移動できないなどもありますね。

これらには全部、風水的ないわれがあるのですが、今回はそういう風水の話ではなく、国に関わる風水の話をします。

私のところで皆神塾《みなかみ》というものをやっていますが、官僚とか政治家の二世さんがきています。

将来、国を担う人が集まってくれているのですが、その時に**「風水国防論」**という話をしました。日本は、核などの兵器を持たなくても、戦争をしなくても、国を守る方法はいくらでもあるんですよ、ということです。

例えば、昔、蒙古《もうこ》が攻めてきたときに、日蓮さんが祈りで台風を呼んで、元《げん》の船を沈めたという史実がありますね。（祈りで国防もできます）

それと同じような威力と思われる、カトリーヌやリタなどという巨大な台風がありました。

もし、あの台風が日本に来ていたらどうなったでしょう？

おそらく、大変な被害をだしたことでしょうね。

そうしたことを、未然に防ぐことが国防としての風水のありかたなのです。

だから、はっきり言います。Ｄｒなんとかさんなどが、インテリア風水とかをやっていますね。

「西は金運に関わる」。「ここは赤い色にしなさい」。そんなことじゃないのです。そういうレベルじゃないのですね。

本来の風水とは、国というものをグランドデザインするものです。

本来の風水師の仕事とは、国を護ることなのです。（防衛風水庁があっていい）

「万世一系XY理論」（女性天皇はいいとしても女系天皇はダメ！）

最近、テレビなどのマスコミで、天皇は男性がいいのか、女性がいいのかという話題がひんぱんに取り上げられていますね。

この問題については、遺伝子が関係しているわけです。その遺伝子に関して「XY理論」というものがあります。

男性はXY染色体で、女性はXX染色体です。男性にはYの染色体がありますが、女性にはないのです。ですから男性が継げばY染色体が入りますが、女性の場合はXだけが継続されるわけですね。

つまり、女系になればYの染色体が継承されないから、問題があるということなのです（**125代男系天皇の血統が続いている**）。

しかし、本当にこれが問題なのでしょうか？

私は、染色体についてはどうでもいいと思います。

なぜかというと、万世一系とは血の繋がりではなく、「霊（ヒ）の繋がり」だからです。

大切なのは「霊の結び」があるかどうかなのです。

歴史上では、南朝だ、北朝だ、渡来人だ、などという、血の繋がりについてのいろいろな説がありました。

しかし、血の繋がりが変わっても、性別が変わっても、脈々と万世一系の名の下に「霊（ヒ）の結び」、つまり、霊的なものが継承されてきたのです。

それとも一つ、テレビや週刊誌などでいろんな意見が出ていますが、中には某新聞のように、国民投票で決めようなどと言っている、バカな連中もいます。

もし国民投票で、天皇制がいらないことになったらどうなると思いますか？

霊的な継承が断ち切られてしまいます。

そんなことは愚の骨頂です。私は声を大にして、それは駄目だと言います。

皇室のこと、雅子さんのこと、皇太子のこと、今上さまのことを、いろいろと週刊誌で書くことは不敬ですよ。だから、日本の経済はいまだに不景気なのです。

だから、我々が、男系、女系と騒ぐことはないし、遺伝子や染色体まで持ち出してどうこうする問題でもありません。

血も大切ですが、もっと大切なのは霊的な「霊の結び」で、これさえしっかりしていればいいのです。

「お上の言葉が道になる」のですから、最後は今上陛下自らがお決めになればいいことです。

「徳川四百年、江戸の限界と臨界。皇室は京都に遷都されたし」

徳川幕府ができて四百年ですが、まず、徳川幕府がいかに素晴らしいかをお話ししましょう。

どこの国でも、国を守るための組織がありますね。アメリカはペンタゴンですが、この建物は五角形です。函館の五稜郭のような形をしていますね。

なぜ五角形かといいますと、首都のワシントンもそうですが、全部、風水が関わっているからです。アメリカに渡った中国の人たちが、担当者に風水を教えたのです。

アメリカは建国二百六十年で歴史が浅いから、さまざまなシステムを学ぶ必要があったのですが、彼らが見習った国は英国ではありませんでした。英国からはじき出され、島流しにあった人たちが、アメリカ人のルーツですからね。

始めに模範として見習ったのは、中華思想でした。中国には五千年の歴史がありますからね。

しかし、中国の歴史をみれば、あまりにも争いが多い。だから、戦略を学ぶのにはいいが、国をもたせるには問題があったのです。

国造りのプランニングとして、アメリカの一部の有識者が考えたのが、風水を取り入

れることでした。**（風水は現代、環境地理学と呼ばれています）**

その中で、一番の参考にしたのが、徳川幕府だったのです。徳川幕府のように、アメリカもたせていかなければならなかったからです。

だから、徳川幕府と同じく、アメリカも風水で造った国なのですね。

今の国務長官のライスさんは、そういうことに詳しい方で、日本のことをとことん研究しました。もしかしたら彼女は近い将来、アメリカ初の女性大統領になるかもしれませんね。

彼女がならなかったら、ヒラリーさんかもしれませんが、近い未来にはライスさんが大統領になる可能性があると思います。

そのライスさんが、日本という国をとてもよく研究していて、徳川幕府の制度は素晴らしかったと評価しているのです。

少し前に、徳川四百年祭がありましたが、東京に大江戸温泉ができましたね。

浅草の浅草寺にも、温泉があるのを知っていますか？　目黒の東山にもあります。東京でも、うまく掘れば温泉が出るのです。

これからは、何が問題になるかといいますと、まず水が取れない、地下水が汲み上げられない、という問題です。この問題はすでに、現実に起きているし、これからも起きるのです。

ですから、このグランドで百年、二百年、三百年、四百年という間、もたせられるかというと、かなりきびしいですね。

しかし、海水を淡水化する装置ができたら、東京湾の水を汲み取ればいいのです。

そして、道路の下にマンホールを何キロも掘って、雨水を溜めておけばいいのですね。（長崎、愛媛、大阪、熊野、長野、名古屋、いや、全国に必要です）

ただし、東京湾の水を汲むことは、竜神様が住んでいる池の水を汲むことと同じです。どういう現象が起きるかといいますと、龍体が動けなくなる、つまり、東京が活性化しなくなります。

風水では東京湾のことを「明堂《メイドウ》」と言いますが、古来より「明堂は侵すことなかれ」という言葉があります。

つまり、「明堂はいじっちゃいけませんよ、そのままにしてくださいよ」という意味です。（人体に例えれば、肛門に指を入れるようなもの〈笑〉）

でも、東京湾にはすでに橋が架かっている。ハマコーさんが頑張って、ユリカモメを造った。ここまではまだいいのですが、東京の気が、千葉などに流れていっています。

（千葉から成田へ、そして成田空港から全世界へ飛行機が気を運んでいる）

将来、東京湾の海水を汲み上げて真水にして飲めるようにしたら、確かに東京の水不足は解消されます。でも、明堂の気を吸い取ることになりますから、東京が涸れてしまいます。だから問題なのです。

だれかが、東京の地下に大きな水の池を造っているでしょう。あれは雨水対策だけではありません。溜めておけば、いざというときに水を確保できるからです。

それと、**地震対策でもあります**。地下に穴をあけて水のタンクにしておくと、その水が地震の揺れを吸収してくれるのです。

皇居にも、お堀があるでしょう。それと同じ原理のものを地下に造って、東京をウォーターープールの上に乗せようとしているのです。そうすれば、直下型地震がきても大丈夫です。

しかし、それが機能した場合エネルギーが移動するので、今度は関西が危なくなります。

つまり、東京を守ろうとしたら必ずどこか別の場所が、犠牲にならなければなりません。**（ですから、日本全国に地下収納貯水型ダムが必要です）**

例えば、**新潟の大地震も、ひとつ間違えば東京にきていました。**

そして、福岡の地震も、もし地震でなければ、ラインが繋がっているので阿蘇が噴火していました。阿蘇が噴火すれば、レイラインが繋がっているので富士山も噴火します。

だから、とても危ないところで日本は守られているのです。

この理論でいえば、水を汲み上げれば明堂が侵されて気がなくなります。東京が砂漠化してしまうのです。

すぐではありませんが、だいたい三十年ぐらいでしょう。

それに、ヒートアイランド現象で、四十度以上にも気温が上がってしまいます。それこそ大変ですよね。

それを回避するためには、気を吸い取ることにならないように、水を汲み上げないことです。

東京を走っている、ＪＲの中央線ですが、あれは富士山からのレイラインなのですね。富士山から中央線で、火のエネルギーを皇居まで引っ張ってきているのです。

そして水のエネルギーを、東京湾からもってきています。

その火と水のエネルギーを融合して皇居を守り、東京を活性化させているのです。

だから、東京は世界一の都市ともいえるのです。

しかし、東京には水の問題、明堂の問題があります。

日本の歴史は関西の方が長いですよね。平城京、平安京と、奈良から始まって、御所が今も京都にあるのだから、一度は伊勢神宮の遷宮と同じように、

「そろそろ皇室さまも2008年以降は、一度、関西の方に移られた方がいいのではないか？」那須塩原でもいいです。

風水師の立場でこう提案します。なぜかというと、百年後の東京を考えた場合、皇室さまは住みづらいのではないかと思われるからです。

2012年にアセンションしたとしても、時代が変わったとしても、百年後の東京に皇居が存在した場合、皇居としての機能を果たせるでしょうか？　私は、残念ながら無理ではないかと思うのです。

だから、今から準備して、平成さまではなく、次の皇太子さまが天皇になられた時に関西の方に移られたほうがよろしいのでは、と思っています。

しかし、これは私が決めることでも、国民投票で決めることでもありません。お上ご自身が、「であるか」と言って移動されればよろしいだけの話です。

千三百万人の水瓶として、東京湾から水を汲みすぎると、東京は涸れて砂漠化します。ヒートアイランド現象が加速するのです。こんなに汚い東京湾でも、とりあえずは龍神

さまの池ですからね。

東京湾が涸れて龍神さまが住めなくなると、どこに行かれるか知っていますか？　太平洋に行かれます。そうなると、東京には首都としての機能がなくなります。

首都という言葉は「首の都」と書くでしょう。これは首相が住む都であって、決して皇《スメラ》の尊《ミコト》が住む場所ではないのです。

ですから、関西には京の都、関東には行政の府の東京があったのです。それで日本を動かしていたのです。

これ以上一極集中して、金、人、物、あらゆるものが東京に集まり過ぎると、エネルギーの負荷がかかりすぎてパンクします。気脈に圧力がかかりすぎて、家でいえば電気のブレーカーが落ちてしまうのです。

だから、なんとかしないといけません。

「大地震とは宏観現象、太陽フレアと月の磁力」

満月、太陽フレア、いろんな要因で地震が起きたり、天変地異が起きるのですが、これが「宏観現象」です。（これを対策するのが弘観道です）

地震を測定するのに、今はコンピューターを使っていますが、昔は風水盤を使って土地の龍脈のエネルギーの、強弱を測っていたのです。

その方法ですが、五色の色で周波数を分けるのです。

みなさん、なぜ信号は赤が止まれで、青が進めか知っていますか？

赤信号は、人間の径脈でいえば心臓に対応するからです。だから気をつけなさいということですね。

それと同じように風水盤を使いますと、龍脈の気の動きが風水盤の、赤い色、青い色、白い色と対応するのです。風水盤の赤に対応した場合は、必ず地震がおきます。どのようにそれを割り出すかといいますと、月の満ち欠けの周期律と、風水盤のエネルギーの共鳴です。（これ以上は企業秘密です）

みなさんは、風水盤を見たことがありますか？

あれは全部、宇宙と対応しているのですね。宇宙の形象を表しているのです。町で売っている風水盤は色分けされていません。しかし、プロの世界の風水盤は、ちゃんと色分けされています。これはあまり、表には出ていません。

地震がくる日は、全部赤のラインになるのです。何月何日何時何分というように時間を見ると、天体では満月の時とか、太陽フレアが強いとか、何らかの現象が起きている

のです。**（ただし人工地震は測定不可。金の問題ですので）**

ですから、天で起きることは全部、地脈とも共鳴しています。

昔は、地震学は全部、風水師がやっていたのです。コンピューターがなくても地震がくることが分かりますからね。

地震の予知のためにナマズを飼っていたりしますが、ナマズは赤い色に共鳴します。だから、赤の気脈が大地から噴き出しそうになると、ナマズが暴れるわけです。その時、地震がきます。

人間でも、心筋梗塞や心臓病の方は、赤い色と共鳴を起こします。コップに赤いカンパリソーダでも入れて飲むと、心臓発作が止まります。肺が悪い方は白いものです。色を飲むのですね。色霊で病気も治るのです。

太陽フレアがすごく活発化していることは、ニュースにもなっていますね。

けれども、月の磁力が変わってきていることは、一切、発表されていません。

実は、月のことはタブーだからなのです。

なぜかといえば、月のエネルギーを見てから、国家的なビジネスや、戦争のことなどを決めるからです。

人間が潮の満ち引きに合わせて生まれたり、亡くなったりすることは知っていますよね。

だから、アメリカのタロット占い師は、命に関わることは月の生命磁場を観てから大統領にアドバイスするのです。

でも、月自体が変化したということは、その占いが当たらなくなったということです。太陽と同じく、月の働きも大切です。

今、どこかの国の砂漠で「人工太陽」の実験をしています。東京ドームの四倍ぐらいの大きさですが、遠赤外線の人工太陽を作って、そこで植物は成長するか、人間が住めるのか、ということを調べる実験です。月の探査衛星の施設なのですが、火星や月のように緑のない所でも、人が暮らせるかということですね。

しかし、遠赤外線で太陽と同じようなものができはしても、月から出ている磁力線がなければ、人間は立っていられません。つまり、**太陽だけではなく、月も非常に重要だということです。**

ただし、月の研究は全部タブーなので、発表されていません。ある科学者がインターネット上に匿名で、月に関するレポートを出したのですが、二十分したら全部消されたそうです。それだけではなく、そのコンピューターは二度と使えなくなったそうです。**エハン・デラヴィ**さんも、同じような体験をしたと言っていました。アメリカの、ある大きな財団の悪口をインターネットに書き込んだら、三十分後に全部消されたそうです。すごいでしょう。（私も、ホームページにウイルスを入れられました）

人間が次元上昇して、アセンションというものを受けとるのなら、月の生命リズムが変わるに伴い、肉体の周波数が変わってくるようになります。

その後、月からの育成光線を受けることによって、食事をとらなくてもよくなり、不老不死に近づいていくのです。

炭素系生命体から、珪素系生命体に変化するのですね。

だから、まず最初のキーワードが月で、次が太陽です。**「日月神示」とは、アセンションのことも意味しているのです。**

月の磁力が変わってきていることを、覚えておいてくださいね。太陽も変化していますが、月も大きく変化しているのです。

月の変化は、みなさんの体に具体的に影響を与えます。

例えば、体に関する漢字は、腕、胸、腸、腰、心臓など、月遍が多いですね。人間の体は全部、月の周波数から影響を受けて動いているのです。

そして、神経は太陽エネルギーで動いています。**太陽と月のエネルギーがなければ、私たちは生きていけない**のです。太陽だけでなく、月と同じ働きをするものを作らなければ、人間の形態は維持できません。太陽と月の恵みを受けて、我々は今日という日を生きているのです。

女性は閉経すると、「月のものが止まった」というでしょう。これは生命リズムが変わったということですね。

だから、月が変化し、時間が経つにつれて、人間の形態も変わってくると思います。

「人口現象とマッカーサー支配、五千万人と15パーセント」

日本は小子化で、だんだんと子供が減ってきていますが、本当は一億三千万人もの人口は多すぎるのです。八千万人ぐらいでいいと思います。食料の自給率や生産性を考えれば、五千万人でもいいのですよ。

コンピューターのシュミレーションでは、日本がこれから百年、自給自足で生活できる人口は五千万人だそうです。リサイクル（循環）のシステムを用いて自然と共生していくなら、五千万人でいいということですね。食料危機もなく、環境を破壊することもなく、生きていけます。

逆にいうと、今の一億三千万といわれている人口の内、八千万人は多いということになります。

新聞で、「道州制」ということがいわれていますね。将来、日本を八つに分けようか六つにしようかということですが、そうなって地方に予算がいき、産業が十分に成り立てば、東京で生活しなくてもよくなるわけですね。

地方にも、仕事を分散する。農家もやりながら、サラリーマンになる。理想的ですね。例えば、ニュージーランドはとてもいいところですね。山でスキーができて、海で泳げます。自然に溢れていて、暮らしやすいそうです。以前、首相をされていた細川さんも、「日本もニュージーランドのように、自然と共生した国になればいいな」とおっしゃっていました。

ただ、人口五千万人になると、消費税を15パーセントは覚悟しなくてはなりません。この国をもたせるためには、今の消費税では無理ですよ、ということです。国の立場でいえば、15パーセントぐらいの消費税を取らなければやっていけません。

でも、15パーセントの消費税は大変ですよね。百円や千円はまだいいですが、一億円の買い物をしたら、千五百万円もの税を払わなければなりません。

でも、それくらい徴収しなければ、国はもうやっていけないのです。今は5パーセントですが、将来的には15パーセントぐらいは取らなければ、国がもたないのです。国が借金に借金を重ね負債を膨らませて、最後には払えなくなるからです。

みなさんの場合は、サラ金さんが個人にお金を貸してくれますね。返しきれなくなれば、自己破産もできますよね。

でも、**日本の国の借金を、帳消しにしてくれるところはありません。**

どこに負担がいくかといえば、みなさんです。現在の大人がダメなら、その子供や孫から取ろうとしているのですよ。だから問題なのです。

でも、秘策があります。「年号大権制」といって、平成の御代から新しい御代に切り替わった時に、新しい通貨を発行して今までの借金を全部チャラにするのです。
そうすれば、15パーセントの消費税を取らなくても、なんとか国の屋台骨を持ち直すことができます。**（首相の権限でなく、今上天皇の名において行うこと）**
借金のツケをみなさんに回したり、年金に回したり、お子さんに回したりは、これ以上やるべきではないのです**（まさに天皇の金魂を使用すべし）**。

古代ユダヤの社会では、五十年に一回、「はい終わり」とゲームのように清算していました。日本の場合も、一度清算しなければ、借金が雪だるま式に増えてどうしようもなくなります。(金融工学に基づき日本近海のレアメタル工業技術力を証券化すれば、5京円くらいの資産になるはず)

しかし、歴史を遡れば、年号が変わるタイミングで、通貨も変えてきたのです。明治維新で、幕府から明治政府になったときも、小判が使えなくなりました。

新しい時代になったとき、新しい通貨を発行してそれまでの借金をチャラにすればいいのです。

「徳政令」も、過去の歴史としてありました。貸借関係を白紙にするのですね。

みなさんの先祖は、借用書が紙屑になったことを経験しているのです。

今回も、徳政令を施行すべきです。ただし、借金を帳消しにしても資本主義自体が限界にきているので、新しいシステムにする必要があります。

資本主義は必ず儲けなければならず、そういう循環で成り立っているので、もともと自然と共生できるような方向ではないのですね。かといって、共産主義もダメです。

では、何がいいのか?

それは、天皇制を中心にした「王政社会主義」です。

例えば、リヒテンシュタインのような国ですが、古き良きヨーロッパの伝統を継承していますね。

江戸幕府の制度を参考にしつつ、王政社会主義の国を造ったらいいと思います。

ある程度借金をしたら、社会主義ですから国が面倒をみるわけです。「揺りかごから墓場まで」というでしょう。**「揺りかごからアセンションまで」**ということですね。アセンションしてからも、明るい未来宇宙までも面倒をみるような社会を作らなければなりません。

人間は潜在的に百二十歳まで生きると言われており、日本の平均寿命も長くなっていますが、働いて、働いて、六十歳で定年になって、今後延びたとしても七十歳で定年になって、後五十年、何をするのですか？　年金じゃ食えないでしょう、少子化ですし。だから、株とかやっているわけですね。

女性は共稼ぎで一生懸命働いて、お子さんの月謝を払ったり、住宅ローンの足しにしていますよね。でも、それは間違いなのです。男性の給料だけで食っていけるような社会にしなければいけないのです。

女性は余ったお金で買い物をしたり、趣味や、好きなことをして笑っているのがお仕事ですよ。

「日本国の龍体の秘密、富士と鳴門の日本中心核」

ですから、日本の国を再生させるのは、正しい火のエレメント、正しい水のエレメント。正しい風の働きを起こせれば、この国の龍体は復興します。

そのヒントが富士山と鳴門です。これをちゃんと調整できれば、世界の循環機能も変わってきます。すなわち、風が変わる、気が変わるということです。

日本を百年もたせて素晴らしい国にしようということは、この地球そのものを、これから百年間維持することでもあるのです。

なぜなら、世界のひな型が日本だからです。火と水のエネルギーの総体として富士と鳴門が、世界のひな型なのです。大本教の出口さんや、岡本天明さんも言っていますね。すべての形象のひな型が、日本に存在しているからこの論理があるのです。

風水でいうところの火の象形が富士であり、水の象計が鳴門です。

その富士と鳴門があるのは日本、だからこの日本列島は、世界の気を司る風を送る国なのです。

火と水と風というヒフミの原理でできている国は、世界でこの日本しかありません。

ですから、この国がおかしくなることというとは、世界がおかしくなるということになります。

「地球縮小とプレート理論、サイエンスよりもサピエンス」

ホモサピエンスという言葉を聞いたことがあると思いますが、日本語に訳すと知恵のある人という意味です。

智慧という字は、知の下に太陽が入っていますね。つまり、智慧とは自然の法則ということです。その自然の法則を知ることが知識です。

あの人には知識があります、というのは、自然の理に適った生活をしていたり、自然のことをよく知っている人に対してです。そういう人を知識人といい、自然と共に生きている人を智慧のある人と言います。

今までは科学を中心に世の中が動いていました。しかし、科学がこれだけ発達したのに、逆に病人が多くなったり、環境破壊があったりしますね。

科学の中でも、化学が自然じゃないから、いろんな問題をつくってきたでしょう。

なぜそんなに問題がおきるのか？　化けているからですよ。本物じゃないからです。

イミテーションだからです。

だから、化学の世界で作ったものは、環境汚染であったり、有害物質で循環に戻らないものであったりするのです。

それとは逆に循環に戻り、その働きを知って協力できる人がホモサピエンス、智慧のある人というのです。智慧とは、自然の原理なのですね。

これに戻していかなければ、地球はもちませんよ。エコロジーとかいろんなことを言っていますが、もうそういう段階ではありません。**(ロハス運動の原点です)**

新しい未来は、太陽光発電のように、自然のエネルギーを利用します。人間もそうなのですよ。食事を摂らなくても太陽の光を食べて生きていけるとか、そういう人もいるのです。

炭素系から珪素系に変換するだけで、人間の体がクリスタルになるのです。エネルギーを因子として取り入れることで、自らがエネルギーを作ることができるようになります。

実はこれが、人類の課題なのです。

そして、地球は完全な丸ではありません。ラグビーボールのような形をしているのです。

プレート理論という論理によりますと、地球はだんだんと縮小しているそうです。

2020年ぐらいになると、人間は地球に住めなくなるのではないかという学説もでています。

この理論で面白いのは、天変地異によって、沈むところと浮かぶところがあるというところです。

この日本は、沈む可能性は低いのですね。浸水することはあるかもしれませんが、、このプレート理論からいえば、地球が捩じれたとき、日本だけ押し上げられる可能性があります。

ですから、百年たってもこの国は残ります。ものすごく大きな領土になるのです。

日本沈没のパロディで「日本以外全部沈没」という筒井康隆の小説があり、映画化もされていますが、これも啓示ですね。

「環境地理と地球政府、防衛外交と環境学」

また、環境学がすごく重要なのですね。今後、日本の総理大臣には、必ず環境大臣を経験してからなるべきです。

なぜかというと、財務大臣はお金を扱うでしょう。お金は世界共通で世界中を回っていますよね。世界を通過するから通貨なのですよ。

それと同じように、環境問題も地球規模でしょう。どこかの国の環境がおかしくなったら、すべての国が困るのですよ。環境問題と経済問題は、国境がないですからね。（地球環境学の大家、レスター・ブラウン教授も提唱しています）

ですから、環境問題をクリアできる人が、真の政治家として成り立つのです。世界経済を建て直すことができる人が、本当の政治をする人です。

それができるのは、果たして双子の赤字、三つ子の赤字を抱えているアメリカでしょうか？

違いますね。やはり、この国なのです。もし日本にお金が無くても、世界に先駆けて環境問題に対しての解決策を打ち出していけば、うまくいくのです。日本の環境技術は世界一ですから。

この国が模範として成すべきことは、無数にあります。

地球環境を変えることができる国は、日本しかないのですよ。アメリカが日本に協力してヨーロッパが認めれば、世界の環境はものすごく変わります。

お隣の中国がこのまま石炭や石油に頼って工業化が進んだら、地球環境がますます大変です。

私は中国の国家元首に言いたい。フリーエネルギーをやりなさい。世界初の燃料電池を使って、中国がやるべきなのですよ。中国こそが、環境問題のひな型を作るべきなのですよ。（原子力発電よりも、世界中のフリーエネルギーを利用すべし）

ただ、中国には技術力がないので日本の協力が必要です。環境問題については、中国が環境国家のモデルとなってクリアすればいいのです。

エネルギー問題は、アメリカがモデルとなってやればいいし、貨幣問題は、ヨーロッパがモデルとなればいいのです。それを統合するのが、本来の国連の役割なのです。（中東アラブにフリーエネルギーの利権があれば、問題解決です）

核の廃絶はロシアにやってもらって、その技術は日本が提供すればいいでしょう。それができたときには、宇宙人が必ず円盤から降りてきます。

中国、ロシア、EU、アメリカ、日本、この五本の指の中心が日本なのです。お金が無くて戦争をするのなら、与えてあげなさい。燃料問題で苦しんでいるのなら、作ってあげなさい。それができるのは、日本しかないのですよ。

この国では奪い合うのではなく、分かち合うのです。これが「和の文化」です。将来、アメリカがおかしくなっても、「ざまあ見ろ」とか言ってはいけません。「大変だったね。でも、助けるからもう大丈夫」と言えばいいのです。

ODAでいくらでも金をくれと言っている、お隣りの中国さん。「いいよ。いいよ。何でもやってあげるから」と言えばいいじゃないですか。

日本には、お金がないのではありません。お金を出せない国なのです。これは、智慧も同じですよね。智慧を働かせるのは、この日の基の国の日本しかないですよ。

こういうと、日本人びいきだと言われるかもしれませんが、違います。

この日本の国土にいる人は、在日の韓国人であろうと、アメリカ生まれであろうと、ヨーロッパであろうとアフリカであろうと、日の基の国にいる人たちということで、役割があるのです。

日本は二発の原爆を落とされた国だから、語る資格があるから言挙《ことあ》げしなさい、世界平和のモデルの国になりましょう、ということです。

日本は戦勝国ではありません。でも、敗戦国でもないのです。戦争を終わらせた国であり、それを暦に刻んだのが、終戦記念日です。

この国が、戦争を終わらせました。自らの龍体に原爆を二発も落とされて、痛い痛いと苦しみながらも堪えた。攻める気だったら、まだまだできた。戦う気だったら、いくらでも戦えたのです。しかし、自己犠牲によってあえて戦いを終わらせました。

あえて負けることにより、相手のプライドを傷つけることなく終わらせたのです。涙が出るぐらいの感動的な話が、いくらでもあるのですよ。

本来は、私のような立場で話すべきことではありません。それなのに、国のことを語っていますね。だから、終末だと言っているのです。

でも、百年、千年の計を考えるのなら、今、話さなければなりません。まして、これから次元上昇するのなら、今しかないのです。

「天皇制と不易流行、宇宙の中心と地球極性」

万世一系の天皇制についても、語ることでも、論じることでもありません。日本語という言霊と、万世一系の天皇制はここにしかないのです。アメリカには大統領はいますが、天皇はいません。イギリスにも王室はありますが、皇室はありません。

この皇《スメラ》の国は、天孫が降臨した真の国です。

プレアデス、シリウス、オリオンなどの星がありますが、古代文献にあるように、今の天皇はシリウスから降りてきたのです。でも、そんなことは発表できませんよね。本当は、神道で天津神といわれている、天孫降臨で宇宙から来た人たちなのですよ。

もともと地球は、**宇宙における最高進化の生命図書館としての役割があるのです。**ですから、ものすごく不自由でした。地球は、一番の生命実験場だったのですね。

何万年、何億年もかけて進化してきました。

そして、それを許したのは、宇宙人でも神様でもありません。

神が創ったエデンの園は西洋的ですが、天が原というのは、上にあるものを下で造ってみなさいよ、ということなのです。天の国に理想郷があるのなら、地に降ろして一回、造ってみろよということです。

そして、生めよ、増えよ、地を従わせよ、すべての生命形態の万物の霊長としての役割をやってみなさいということで、この地球という場が与えられました。

本当の地球は、この下にあるのですよ。みなさんは地球の皮の上で生きているのです。

（俗にシャンバラといわれる聖地があります）

本当の地球は、中心にあります。「地玉」と言いますが、それが「シャンバラ」と呼ばれている所です。

この世の表の世界を治める者を、「王」といいます。地玉の世界を治めるものを、「玉《ギョク》」といいます。

すなわち、ここは二元性の国なのです。地球には表と中、皮と中身があります。

地玉ができてから、だんだんと皮ができてきました。これは、年輪と同じですね。

だから、中心に戻ると宇宙創造の歴史と地球創造の歴史が、相似象で重なるのです。地球の中心の歴史は、宇宙の創造と同時に始まりました。

今、地球の歴史が四十数億年といわれているのは、表面の皮を測っています。表面だけ見ているからダメなのですね。

でも、その表面の皮の中心的な役割をするのが、日本列島です。

あと、五年、十年たったら、宇宙の本当の秘密がハリーポッターのようなレベルで現れてきますし、天の浮船や人類の由来なども表に出てきます。

そうなった時に、我々の歴史観で考えたら五色民族とかいろいろありますが、宇宙のレベルで考えたら、何億種のうちの一つにすぎないのですよ。

太陽系と同じような恒星だけで、八万種もあると言われています。ということは、我々と同じようなものが八万種いてもおかしくないわけです。ただ会っていないだけですね。

宇宙人は、とっくに地球に介入しています。地球ができたときから、介入されているのです。天津神の歴史そのものが、宇宙人の入植の歴史ですから。

神々の歴史、イコール宇宙の歴史ですから古いでしょう。

タコみたいな宇宙人なんて、とんでもないことです。あれは、宇宙に目を向かせないようにという、アメリカという国の企みです。それで、宇宙人は悪党だ、目玉のでかい化け物だ、爬虫類だなどと言っているのです。

本当にそんな宇宙人もいるようですが、でも、それが全てではありません。

「国家百年の計、風水国家論、芯紋を侵すなかれ」

「芯紋《しんもん》」は、風水の専門用語で普通あまり使いませんが、芯紋を人間の体に例えたら骨の髄です。

日本の国体にも、芯紋があります。芯紋、イコール「君が代」なのです。

国家百年ではなく、この国は永久に存在し続けるのです。

「千代に　八千代に　さざれ石の　巌となりて」

この、君が代の精神が芯紋なのです。

人間の体でいえば髄です。これがなければ、動くことも立つこともできません。この日本の国体の髄にあたるのが、「君が代」なのです。単なる国歌じゃないのですよ。人間の行動思想なのです。

これが万世一系の「芯」であり、その働きが「紋」であるということです。これを忘れたら、この国も世界も成り立ちません。

次の時代にこういう言霊を伝えて、この国に生まれたことを誇りに思って、私たちと一緒に、ぜひ頑張ってもらいたいと思います。

〈不都合な真実 & ロハスを越えて〉

この本は講演録を一冊の本にしたものです。

一、風水国家百年の計

一、宇宙創造主と地球盟王の密約(ＯＫ牧場)

私がこの本で伝えたいのは、

「日本のあり方と地球人類のあり方」だけです。

この本を読まれて感動された方は出版社気付でお手紙を下さい。

(そして近くの図書館へも寄進して下さい)

もし、本書が理解できず、ブックオフへ行くことになっても、私は後悔しません。

(本が売れなくても講演会で頑張ってます)

ただ、書店で立ち読みだけはやめて下さい。(笑)

そして、私に興味のある方は、すべての著書を読み終えてから満月に向かって一言、

「生きてて良かった」と、お伝え下さい。

必ず夢枕に私が立ち、説教させて頂きます。(笑)

「立読現金」

元元本本《げんげんぽんぽん》

果てなき心なくして　丹《あか》き心持ちて
清く潔く斉《ゆ》まわり慎み
左の物を右に移さず
右の物を左に移さずして
左を左とし　右を右とし
左に帰り　右に廻ることも
万事逢《たご》うことなくして
大神《おおかみ》に仕え奉れ
元《げん》を元として
　　本《ぼん》を本とするが故なり

則天去私

中今悠天

最後に送る言葉

（黄金人類と日本の天命）

私たち日本人は、物語性や、ストーリーを創ることの意味を軽視してきたような気がします。

「千の風になって」

ストリート・キング
白峰拝

ブラザー・サン　シスター・ムーン

エハン・デラヴィ

本書は、みなさんの人生に関わる、もっとも重要な、二つの天体について書かれています。

太陽と月は、私たちの日常に密接に関係しています。でも、現代に生きる私たちは、それにまだまだ気づいていません。

私たちはもはや、太陽、月と関係していることを実感しておらず、それはすなわち、私たちが、これまでにこの地球に住んだ生物の中で、もっとも無秩序で、機能的に障害を持った住人であるということを意味しています。

私たちは、太陽の写真を見ることができ、月を飛び跳ねながら歩く人々を見もしましたが、太陽と月が、実際にある、とほうもない存在だということの感じ方を、忘れてしまっているのです。

満月のマジック、日食、月食、また、両天体が同時に空に現れる驚くべき光景は、もう私たちの魂を感動させることはありません。

しかし、いつもそうだということでもないのです。それが、白峰聖鵬先生が本書を書いた理由です。

彼は、私たちがほとんど完全に忘れてしまっている過去について、思い出させてくれます。それは、私たちがまだ、太陽と月と、スピリチュアルな関係を持っていた頃のことです。

そしてそれは、私たちが絶対に忘れてはいけない歴史です……。なぜなら、私たちはみな、太陽と月の子供なのですから。


私の出身である西洋の文化、特にケルト文化では、人々は年間を通して常に、収穫の月や春分、秋分、夏至、冬至を意識して、お祝いやお祭りを行います。

太陽の儀式は、おそらくドルイド（古代ケルトの宗教であったドルイド教の僧）によって、春分、秋分と同じく、夏至、冬至にも行われていました。

これらの儀式は、太陽と月の間で、最もバランスのとれた期間と同様に、最もアンバランスな期間に執り行われました。

たぶんドルイドは、魔術の儀式と占いのために、太陽日《たいようじつ》（太陽が子午線を通過して再び同じ子午線を通過するまでの時間、２４時間）を使用していたのでしょう。ここにもまた、イギリス諸島やアイルランドでの、新石器時代における太陽信仰の証拠があります。

ケルト民族にとって、時間は、線というよりも、円であるという感覚でした。

これは、それぞれの日、それぞれのお祭りの開始が、夜明けよりも、夕暮れ時ということからも見てとれます。これは、ユダヤの安息日と似通った習慣です。

そしてこれは、自然がまるで衰えるかのように見える10月31日に、Samhain(＊編集注・カナへの変更が困難なため、原語のまま)のお祭りとともに、年が明けることにも表れています。

ケルトの年の最初の月は、Samonios(種の落下)です。言葉を置き換えれば、死と闇が生と光を追いやるということです。


ケルトの時間の測り方で、夜が重要ということの他の理由は、月と、月が象徴する女性性への敬意ということがあります。一方、ドルイドが最も神聖なものとしている植物、ヤドリギが、太陽と関係があるというのも事実です。

しかし、月の満ち欠けは、もっとずっと重要なのです。

ケルト民族は、月への敬意を、gealach(明るさという意味)という言葉に置き換えることによっても表しています。決して、直接「月」とは言いません。イギリスのマン島の漁師は、19世紀までこの慣習に従っており、月のことを ben- reine ny hoie（夜の女王という意味）といっていました。

最も古いと言われるケルトのカレンダーは、Coligny というもので、フランス、リヨンのパレ・デザール博物館にあります。

これは、紀元前1世紀のものと推測され、巨大な一枚板のブロンズの破片が残っています。それぞれの月は満月で始まり、30年が1サイクルとなっています。それは62の月（moon）による月（month）が5サイクルと、61の月による月の1サイクルとで構成されています。

それぞれの月は4週間ではなく2週間で分けられます。日々は、サイクルを長期間、観測してきたことによって、MAT（良い）日々とANM（悪い）日々として明示されています。

それぞれの年は、13の月に分けられます。

Colignyカレンダーは、太陽暦と月暦を洗練した同時性を見事に表現しています。哲学的な意味でも、実用的な意味でも、かなりの精巧さを示しています。もちろん、現代のケルト民族は、太陽や月をもはや観測していません。ちょうど、現代の日本人が古代のやり方を忘れてしまっているように。

私の所感では、自然と乖離し、太陽と月のエネルギーやそれに対する意識を軽視していることが、私たちが今、自身の中に精神的荒廃を見いだす一因となっているのです。子どもたちは、太陽と月が「物質」であると教わります。しかし、もちろんそれらは、物質よりもっとずっと大切なものです。

カソリックの聖人の中でももっとも偉大な、アッシジの聖フランシスは、お金持ちで高貴な生まれという特権を捨てた後、まったくの清貧に暮らし、いつもこれらの天体を、「ブラザー・サン　シスター・ムーン」として崇めていました。後年、これはフランコ・ゼフィレッリという偉大なイタリアの監督により、映画化されています。

たいへんな清貧に生きると決意したことにより、彼は太陽と月がいかに大切か、また、いかに美しいものなのかに気が付きます。彼には、他に混乱させられるものもなかったため、純粋に太陽や月を感じることができたのです。私たちはいまや、ほとんど完全に混乱させられています。

白峰聖鵬先生は、この本を著すのに、独特な背景を持っていらっしゃいます。彼は、太陽と月を真に理解していた、祖先の長い歴史を保持しています。風水師として高く評価されており、たいへんに深いレベルで自然を理解しています。

月は、地球に打ち付ける太陽の風向きを変えます。もし、月が地球の裏側にあり、太陽が地球の正面になっていたなら、太陽の風のすべてのパワーが地球に打ち付けることでしょう。

実際のところ、太陽、地球、月という3つの天体の複雑な引力の作用が、カオス理論の基礎となっています。宇宙における2つの天体の引力の影響はすぐに理解されますが、3つだと、尋常ではなく難しい問題となります。これら3つの天体の巨人たちは、身体と心と魂という3つのように、どこにでも見られる、典型的な3人組です。それらの関係は、みなさんの日常生活に絶対的に、たいへんに重要なものなのです。

月は、地球の生来の衛星としては間違いなく大きすぎると言うことが、太陽系の他の惑星を見ればすぐに理解することができます。それらは主となる惑星に比べると、すべてがとても小さいです。

私はリサーチをしているうちに、月の深層に、私たちの太陽系には存在しない、ある元素を見つけたというNASAのデータを発見しました。つまり、月ははるか昔に、どこか遠いところからやってきたのです。

しかし、私たちはそうしたことのすべてを忘れてしまっています。私たちは月の知識を失い、太陽への意識は、ほとんど死んでしまっているのです。私たちは事実、太陽光線から逃げようとさえしています。

白峰先生にはまた、天与のテレパスの才能もあります。つい最近、私はあらためてこれを確認しました。

東京で、サトルエネルギー学会の懇親会に出席していた私は、白峰先生をご存じの、合気道の名人と話していました。彼は、次回私が白峰先生に会った時に、よろしく伝えてほしいと頼みました。その15分後、私は白峰先生からの衛星経由の電話を受けたのです。彼とはもう数ヶ月も話していないのに、私と、白峰先生の親しい知人の間で彼のことを話題にしていた直後というタイミングを選んで、電話をしてきたのです。

昔の人々は、このレベルの直観を持っていました。なぜなら彼らは、宇宙やすべての環境と繋がっていたからです。

私は、この能力を蘇らせることが非常に重要だと思っています。私たちの精神を、今一度開放させることができたなら、太陽と月のパワーは、疑いなくそれを助けてくれるでしょう。

ですから、どうぞ、みなさんのハートを開くためにもこの本を使ってください。ブラザー・サンとシスター・ムーンが、喜んで、あたたかく迎え入れてくれるでしょう。

三田　10月4日　2005年

nother reason for the importance of night in the Celts' reckoning of time is their regard for the moon and the feminine principle which it represents. is also true that the Druids most sacred plant, mistletoe, was associated ith the sun. However, the waxing and waning of the moon was of far eater importance.

he Celts showed their respect for the moon by using euphemisms such as ealach (meaning 'brightness'), and never referring directly to 'the moon'. anx (the island of Mann) fishermen followed this custom up until the neteenth century, referring to the moon as ben- reine ny hoie - 'queen of e night'. The earliest-known Celtic calendar is the Coligny calendar, now the Palais des Arts, Lyon. It dates probably from the 1st century BCE, and made up of bronze fragments, once a single huge plate. It begins each onth with the full moon, and covers a 30-year cycle, comprising five cycles 62 lunar months, and one cycle of 61 lunar months. It divides each month to fortnights (two weeks) rather than four weeks. The days are designated rom their long observation of cycles) as MAT days (good) or ANM days ot good). Each year is divided into thirteen months.

he Coligny calendar achieves a complex synchronization of the solar and nar months. Whether it does this for philosophical or practical reasons, it oints to considerable sophistication. Of course modern Celts do not oserve the solar and lunar festivals just as modern Japanese have forgotten e ancient ways. It is my belief that our disconnection from Nature and our sregard for the energy (and the consciousness) of the Sun and Moon have ontributed to the spiritual desert we now find ourselves in. Children are ught that the Sun and Moon are 'things'. But of course they are much ore than that. Saint Francis of Assisi, one of the greatest of all the Catholic aints who lived in total poverty (after renouncing his rich and noble irthright) always referred to these great orbs in the sky as 'brother Sun d Sister Moon'. This later became a movie directed by the great Italian irector Franco Zeffirelli. By deciding to live in extreme poverty he became ware of how important are the Sun and Moon-and also how beautiful. He lt them purely because he had no distractions. We are now almost totally istracted!

Brother Sun, Sister Moon: by Echan Deravy

This book is about the two most important celestial bodies in your life. The Sun and the Moon are intimately connected to our daily lives in ways that we modern people are still very unaware of. We no longer feel connected to them which means we are the most chaotic and dysfunctional inhabitants of Earth ever to have lived. We can look at photographs of the Sun and watch men bouncing across the moon but we have forgotten how to feel their (sun and moon) immense existential presence. The magic of a full moon, an eclipse or the amazing sight of both in the sky at the same time no longer touches our souls. But it was not always like that. That is why Shiramine Seiho has written this book. He has come to remind us of a past that is almost completely forgotten. It was a past when we still had a spiritual connection to the Sun and the Moon. It is a history we must not forget…… because we are children of the Sun and Moon.

In my own Western culture, especially the Celtic Culture, we always had celebrations and ceremonies all through the year to mark the harvest moon, the equinoxes and solstices.

Sun rituals were probably performed by the Druids at Mid-Winter and Mid-Summer Solstices as well as the Spring and Vernal Equinoxes. These rituals mark periods of the greatest imbalance between the Sun and the Moon, as well as the periods of greatest balance. Perhaps the Druids used the Solar days for Magic and Divination. They involved hidden Druid rituals. There is also evidence of a Neolithic Sun cult in the British Isles and Ireland. To the Celts, time was circular rather than linear. This is reflected in their commencing each day, and each festival, at dusk rather than dawn. This is a custom comparable with that of the Jewish Sabbath. It is also reflected in their year beginning with the festival of Samhain on 31 October, when nature appears to be dying down. The first month of the Celtic year is Samonios (Seed Fall) In other words, from death and darkness springs life and light.

Shiramine Seiho has a unique background to write this book. He has a long history of ancestors behind him who really understood the Sun and Moon. He is a highly respected geomancer and so he understands nature at a very profound level. The moon deflects the solar wind from hitting the Earth. So if the moon is behind the Earth and the Sun is in front the full power of the solar wind will hit Earth. The very complex gravitational attraction of these three celestial bodies (Sun, Earth, Moon) actually became the basis of chaos theory. It is easy to figure out the gravitational effect of two bodies in space but three makes the problem extremely difficult. So these three celestial giants are like the archetypal triads that we find everywhere such as body, mind and spirit. Their relationship is absolutely critically important to your daily life.

The moon is definitely far too large to be a natural satellite of the Earth. You only have to look at all the other planets in our solar system to realize that. They are all tiny compared to their host planets. My research discovered Nasa data which found elements in a bore sample from the moon that do not exist in our solar system. The moon came from somewhere far away a long time ago it seems. But we have forgotten all of that. We have lost our moon knowledge and our solar consciousness is almost dead. We actually try to escape from the Sun's light! Shiramine Seiho is also very telepathically gifted. Most recently I again reconfirmed this. I was at a party in Tokyo following a conference about 'subtle energy' . I was speaking to an aikido master who knows Mr. Shiramine. He asked me to give his best regards to 'Seiho' next time I met Mr. Shiramine. Fifteen minutes later I received a call by satellite telephone from Seiho! I had not spoken to him for several months yet he chose the timing to call me just after a close associate of his and myself had been talking about him. People in the past had this level of intuition because they were connected to the total environment, to the universe. I think it is very important that we reclaim that ability. The power of the Sun and the Moon will no doubt help us to do that if we just open our minds once again. Please then use this book to open your hearts also. Brother Sun and sister Moon will be happy to welcome you home…….

Sanda, October 4, 2005

日月のことあげ

世界の中で地球人類の歴史が残っているのは、たぶんこの日本だけだと思います。「古史古伝」の中にいろいろなドラマがあるのです。

世界を五色民族に分けることができます。

ちなみに日本人は、黄色人種というところでしょう。ところがある時、ある事に気づき、日本の役割、天命に気がついた時に必ずや日本人は黄色人種から「黄金人種」に変わり、同じくしてその影響が世界中に共鳴して、**地球人類は「黄金民族」へと変容**します。

その鍵は、近い将来起こるべき太陽系の大変化で、太陽（日）と月（時）の生命磁場の大変化による、地球大変革と言えます。

ゆえにこの本のタイトルは、「日月地神示（黄金人類と日本の天命）」です。

クワン・イン・UF⊙

「我が盟友メロビンジアンへ贈る」

日月神訓

「天地に万古あるも、この身再び得ず。人生ただ百年、この日最も過ぎ易し。幸いその間に生きる者は、万生の楽しみを知らざるべからず。また虚生（きょせい）の憂いを懐（いだ）かざるべからず」

「一日一生」

天地は永遠であるが、人生は二度と戻らない。人の寿命はせいぜい百年。あっという間に過ぎ去ってしまう。幸いこの世に生まれたからには、楽しく生きたいと願うばかりでなく、無駄に過ごすことへの恐れを持たなくてはならない、という意味。

「日本雛型論」

「日本の国は世界の雛型であるぞ、雛型でないところは真の神の国でないから、よほど気つけて居りて呉れよ」

「今の世はひらけたひらけたと申しているが、それは半面だけのこと、半面がひらけると半面がとざされる世の中、開け放しの明るい世が目の前に来てゐるぞ。用意はよいか、真中うごいてはならんと申してあろう、動くのは外ぢや、忙しい急しいと申すは外側にゐる証拠であるぞ、気をつけて早う中心に飛び込めよ、真中結構、日本は真中の国であるぞ、日本精神は真中精神、末代動かぬ精神であるぞ、三千世界の大掃除であるから、掃除するには、掃除する道具もゐるぞ、人民もゐるぞ、今の有様ではいつ迄たっても掃除は出来ん、益々けがれるばかりぢや、一刻も早く日本から、日本を足場として最後の大掃除を始めて下されよ」

（岡本天命日月神示より）

はじめに

（黄金人類とミロクの世）

世界人類の雛型としての日本人、そして日本列島、五色人類の代表としての黄金民族としての日本の立場、超古代「古史古伝」より現代まで続く万世一系の弥栄《いやさか》、我々は過去・現在・未来に意識をおかず、現実のただ今この瞬間を精一杯生きる「中今」人類である。

来たるべき地球の大変革に向けて、地球人類の集合意識の結びの要たる霊の元（日本）この民族意識が世界平和を導き、地球人類すべてを黄金人類に大変革するであろう。

来たるべきミロクの御世の盟主たらんことを！

「ミロクの御世の盟主達へ」

皇紀元年中今　白峰聖鵬

パート1　アセンションと日月地神示

（＊この章は、２００４年１０月に行われたＩＮＴＵＩＴＩＯＮのセミナーが基になっています。）

アセンションとは

太陽系の大改革とは太陽（日）と月（時）の大進化の物語であり、五〇〇〇年前のマヤ（月）暦では２０１２年１２月２３日と言われている。

太陽フレアーの強烈な作用とフォトンエネルギー（光子）により、人間は新人類へ進化をとげて、同じくしてマヤ暦では、２０１２年１２月２３日を以て三次元システム崩壊と時間が終了して、五次元（半霊半物質）の世界へ時元上昇すると言っている。

日本でも、大本教の「ミロクの世」、岡本天明氏の「日月神示」で世の立替えを述べている。

その中で、日本人の役割と地球へ与える影響について、ここで「アセンションと日月神示」としてお話を致します。

事実は小説より奇なり

私は神事を執り行う神主でもあるし、坊主でもあるし、祈祷師でもあります。ですから、宗教の方が本職なのですが、もう宗教の時代はそろそろ終りかと思うのです。自分自身でも何十年もやっているし、私の継承から合わせると三千年もやっていますから、そろそろ宗教は変わってしまう、それは宗教ではなくなって、もとの世界に戻るということが解かってきたのです。

「アセンションと日月神示」についてお話しますが、預言は、ノストラダムスや大本教、岡本典明さんたちだけの世界ではありません。我が弘観道でも、歴史上、一切出していませんが、日月神示と同じような予言があるのです。

その予言の最たるものに、**みなさんの生活と直接関わりのあるものは、2012年という時間軸の上で、最近話題になってきているアセンション、時元上昇と言われているものがあります。**弘観道で言われているものは、いろいろ問題があって表に出してはいけないものも多く、あまりお伝えできないのですが、問題の無い範囲で、これからお話していきます。

代わりに聖徳太子の話をしますが、聖徳太子の十七条の憲法はもともとは二十二条だったのです。その内の四条は、その後、イスラエルという国で管理しています。そして、日本では十七条ではなく、本当は十九条なのです。これについては長くなるので後ほどお話しします。

富士天頂の真空帯に大元宮という宮があります。天界の御経綸を司どっているのは、「母止津和太羅世乃大神（モトツワタラセノオオカミ）」ですが、実はこれは我が弘観道の御祭神です。我々の世界では「晃紀皇㋬大神（コウキコウタイジン）」といいます。竹内文献にも出てきますが一番古い神様ですね。

この神様の働きは丸の中に点の形で表現できます。簡単にいうと、地球の中心と宇宙の中心とを繋ぐ、神柱として立っているのが富士山ですが、それらの中次ぎをする神様です。

今回、地球がアセンションをするとき、神界のどの神様が担当するかといえば、母止津和太民乃大神と国常立大神（クニトコタチノカミ）です。それぞれの、神様としてのお役目があるのです。国常立大神については、みなさんよく解からないかもしれませんが、簡単にいうと地球そのものです。地球そのものの、意識体の神様なのです。

（実は日と月の合体した神が国常立大神です）

神様の系譜の話をしますが、まず、天照（アマテラス）、月読（ツクヨミ）、須佐之男（スサノウ）がいて、その上に、伊耶那岐（イザナギ）と伊耶那美（イザナミ）がいます。伊耶那岐**は日本の神様で**伊耶那美**はユダヤの神様**ですが、その二神を結ぶのが「菊理姫（キクリヒメ）」です。その上に国常立大神がいて、その上に天常立大神（アメノトコタチノカミ）がいて、最後は天御中主大神（アマノミナカヌシノカミ）がいるといわれています。

古い神様もまだたくさんいらっしゃいますが、地球の立替の神様は国常立大神です。それより上の位の古い神様は宇宙神といわれていますが、ずっと上にいきますと、天御中主大神になります。古神道では、この神様が一番古くて、格が高いといわれてい

（全宇宙総体神
モトツワタラセ）
↑
元無極体主大御神
（宇宙創造神）

八百万の神々の働き

天之御中主神＝銀河
｜
国常立大神＝地球
（日月大神）
｜
伊耶那岐神（日本）
キクリヒメ
伊耶那美神（ユダヤ）

建速須佐之男命（国津系）
月読命（仏教の基）
天照大御神（天津系）

ますが、幣立神宮や竹内文書、宮下文書では、それよりもっと古い神様がいるとされています。

それが、**「元無極体主大御神」**ですが、この神様が宇宙を創造したのです。

今回の地球の時元上昇、フォトンベルト、地球の大変革を担当している方々には、いろんな神様がいらっしゃいますが、代表的な方は、丸に点で表現されている神様です。古文献の中では、この神様は「母止津和太民乃大神」と呼ばれているのです。そして丸に点という働きにおいて、具体的に地球をサポートするのが「国常立大神」と呼ばれている神様なのです。（別名大日月《ミロク》太神と呼ばれます）

実は、この国常の神様は天御中主大神とまるっきり同じ神様なのです。すなわち光が物質化する時点で、神様の呼び名が代わったのですが、銀河にいたときは天御中主大神、太陽系に入って光になったときは天常立大神、そして地球に降りたときは国常立大神、そして龍体として地球を創ったときは須佐之男だったんです。

（この地球は日と月の神様が合体して創作したゆえ地球は日月の神の一部です）

すなわち、神様というのは元は一つですが、八百万の形態をとっているのです。

〈万物創造の働きとは〉

「天の御柱廻り」は、天之御中主神《あめのみなかぬし》を中心に、「高御産巣日《たかみむすび》」「神産巣日《かみむすび》」二神が働かれますが、円満で包容力に満ちたそのご活動体を象徴的に示された行為なのです。

もう少し詳しく、この意味についてご説明しましょう。

あらゆる「物」の本体は「力」です。

万物は原子核と電子の結合体であり、原子と原子、元素と元素が結合することによって成り立っています。

たとえば、水は酸素（O）1と水素（H）2の結合体であって、この二つの元素が一定の方式で結合したとき水となります。

ですから、すべての「物」の本体は、結合する「力」であり、その力の発現である「むすび」（結合）によって存在しているのです。『古事記』では、これを「産巣日《むすび》」と記しています。古代の日本人が、何かを結びつけていく自然の力を「神」と呼んでいたことがおわかりになるでしょう。

造化三神は、「力」そのものですから肉眼では見えません。三神は、それぞれ原子核を形成している中性子・陽子・陰子に配当することができます。

「力」が働くとき必ず「振動」が生じます。振動は音です。「音」は見えませんが、「有る」もの、「存在する」ものです。

神々のお働きそのものである「無限の振動」は、現象は常住実在ではなく、限りあるものであるということを示しています。つまり、「無限の振動」によって、森羅万象の変化は生じているのです。

地球の歴史を説く祝詞（著者注＊数霊と神の働き）

ヒフミヨイムナヤコトは、今では一を数えるときに使います。しかし、もともとは神名であり、日ごと、これを祝詞《のりと》として称えていたものを、後に十種の神宝をかぞえることばとなり、ついには数読みのことばとなったと説いたのは荒深道斎《あらふかみちなり》でした。

荒深道斎の家は、南北朝時代、土岐頼遠《ときよりとお》が美濃の国中洞郷《なかほら》に蟄居《ちっきょ》したときから始まります。頼遠は足利尊氏の家臣でしたが、酒の勢いで上皇に不敬のことがありました。死罪にあたるところを天竜寺の僧、夢想国師《むそうこくし》のはからいで死を免れ、中洞郷に住み、姓も中洞と改め、以後、同地の豪農となりました。その何代かのちに土岐家に内紛があり、中洞家に隠れ、そこで生まれた長男が明智家に養われて光秀となったのです。その後、光秀は山崎の戦いに敗れて、荒深小五郎と変名し、ふたたび中洞家に隠れました。

このあたりの話は非常におもしろく、興味ある人は荒深道齋の「霊素発揮《たねたまおこし》」（荒深道齋『古神道秘訣』上巻、八幡書店）を参照してください。

「霊素発揮」は荒深家の古いことだけでなく、道齋が暮らしを立てるために実業にたずさわりながら、鎮魂法を学んだいきさつを詳しく記した日誌が中心の本です。友清歓眞の神道天行居に関係したこともあり、大本教にいた浅野和三郎を審神者《さにわ》としてかかったのが、神武天皇東征時の将軍であった道臣命《みちのおみのみこと》でした。昭和十二年十二月二十六日、道齋が道臣命から聞いた夢物語として記したのが、ヒフミヨの由来です。


ヒは霊素《ひだね》の発動を起す兆。

フは霊素の発生。

ミは霊素の産霊《むすひ》を起す。

ヨは霊素の凝りて雷素《ちだね》を生ず。

イは雷素凝り結びて力をなして、物素《ものだね》を生す兆をなす。

ムは雷素の凝り進みて物素を生ず。

ナは物素の数多生じて常立《とこたち》す。

ヤは物素に凝霊《こりひ》を生ず。これ心素《こころだね》なり。
コは心素凝り固まりて心《こころ》を成す。
トは心の居所定まりて止まり縮む。
モは止まり縮みたる心を燃え盛らしむ。
チは燃え盛る心の力。
ロは心の力を和《にぎ》して真澄《ますみ》とす。

荒深道齋の談や書いたものには、道臣命直伝のことばが使われているので、取りつきにくいでしょう。そこでもう少しくだいて述べている個所を、さらに要約すると、だいたい次のようになります。

ヒ……まだ一個の天体も発生していない宇宙のこと。目に見える何ものもない時代。神霊の時代。根本宇宙創造神である天之御中主神（荒深によれば「天之御中ヌチ神」）をはじめ創造五神の時代。

フ……風の時代。創造神がたの産み出した素粒子によって、元始の天体である星雲宇宙の天之常立神が誕生（天之常立が銀河宇宙を千億から構成された第二次宇宙を生む）。続いてこの天之常立の体内に、一千億もの恒星を細胞とする銀河宇宙の国之常立や、さらにその銀河宇宙の体内に豊雲野之神《とよくものかみ》（太陽や地球の初期、天体のガス状星雲）が発生。

ミ……ガスの渦巻く星雲の銀河宇宙から太陽が誕生し、またその太陽から地球が生まれ、だんだん冷却して岩盤地球となり、その表皮に潮水をたたえた時代。

ヨ……地球が島影一つ見えない大水球であった大海洋に、地球初めての火山島である自凝島《おのころじま》が誕生した時代。地球の最高神霊であるイザナギ・イザナミの二柱の神が、島産み・国産みをした時代。なお、この時期に、海中生物の総産土神である綿津見神《わたつみのかみ》と、陸上生物の総産土神である大山津見《おおやまつみ》、空間生物の総産土神である志那津彦《しなつひこ》等の神々が産み出された。

イ……大海洋中に原始生物が発生、それら原始生物が海にも陸にも肉眼に見える生物に発達。科学で言うカンブリア紀にあたる。海は生物の故郷であって、人間の子宮も一種の海である。

ム……原始の幼稚な生物が、虫や魚に発達した時代。三億年前のシルリア紀にあたる。

ナ……海陸ともに虫、魚、蛙や山椒魚のたぐいがたくさん殖えた時代。ナというのは、数が多いことを示す。昆虫学者の話だと、虫の種類は三十六万種あるという。これは二億五千万年前のデボン紀にあたる。

ヤ……羽虫類が発達して、鳥類が発生した時代。この時代にアシナツチ、テナツチという生物も発生。地のことをナと呼び、足を大地につけて歩く動物のこと。飛ぶことのできない駝鳥やエミューのような鳥類もアシナッチ。空間を飛ぶ生物をヤと呼んだ。弓矢のヤも、空間を飛ばす意。今から一億五千万年から六千年前の中生代。

コ……アシナツチがカンガルーのような哺乳《ほにゅう》動物になった時代。

ト……禽獣より進化して、直立姿勢を保つことができるニュージーランドのキウイや寒冷地方に住むペンギン鳥のような生物の時代。ただし、その時代の生物は現在の何倍もある大きな体だったという。

モ……トの時代の生物が一層進化して、意識力も強くなり将来人間となるべき基本体格もできた時代。と言っても、現在の人類学者が言う類人猿とは異なり、トホチマネという人類発生直前の原始人類の祖。

チ……トホチマネが進化しコトカツ、クニカツという高等哺乳類で全く現在の人類に近い形態の霊長類が発生。この時代の霊長類は霊力が非常に優れていて、その現身を意のままに自由に変形することができたという。

ロ……いよいよ心が確立。

それで、最初のヒと終わりの音のトを組み合わせて、ヒトと言うにいたったと言います。

もっとも荒深は、ヒトは霊止と書き、高級な神霊、それより少し劣るが高い神霊をフト

(風止)、フトには劣るがなお高い神霊をミト(水止)、いわゆる人霊をコト(現止)と分けています。

以上の説明にはいささか進化論的なところがありますが、ヒフミ……が宇宙と地球の成り立ちと人類創造の歩みを物語っているということはうかがえるでしょう。

八方の世界を十方の世、そして十六方世界へ

地球人類五色人とは

「人」とは何なのでしょう?

「人」は神から産まれたものであります。

産まれたものは、産むことができます。

つまり、「神—親—子」の関係であって、永遠性があるのです。

原始は、一つの原子核の周りをいくつかの電子がとり囲んで、ちょうど太陽の周囲を惑星が公転しているように、電子も一定のスピードを保ちつつ原子核の周囲を規則正しく回っているのです。

古代日本人の考えていた「神—親—子」の関係は、一つの原子核を囲んでいる電子

と同じように、神と親子を中心とした、子の規則正しい律動波及であったのです。

つまり、子は親を囲み、親は祖先を囲み、縦と横の結びをなしつつ、律動することによって、家族は平和に繁栄し、社会は正しく保たれていくと信じていたのです。このことは、幽と現が一体となり、神と人、祖先と親、親と子、子と孫というように永遠に結（産《む》す）ばれて、ちょうど万物を形成している原子と原子の「結び」と同様の摂理で生き続けていくということでもあるのです。

したがって、日本では子が親を囲んで正しく律動すれば、ただちに祖先と同体の律動となり、神と同体の律動にもなるのです。

これを「共鳴り」とも「神人一体」とも、「霊肉一体」ともいっております。

しかし、実際にこの律動が正しく行われているとはいえません。次の言葉のように、「人」は理想的な「人」である状態から「人間」へと成り下がってしまっているのです。

人間とは人とは似て非なり。

人間とは人になるには間《ま》がある者のことなり。

人間は、神人時代、半神半人時代、超人時代、人時代という変遷をたどって現在に至っています。換言すると、人は未開の時代から人間時代へと下降し、さらに文明人へと化けてゆく途中にあり、元の人に還るだけでもまだ間があるのです。つまり「半獣人化」「四足獣人化」してしまったということになるでしょう。

「人」とは、正しくは「霊止《ひと》」と書きます。

神様は神界の写し絵を創るために、人類をお作りになられたのです。したがって現界を「うつしよ」ともいうのです。

五色人などについて、一問一答形式にて、少し説明しましょう。

五色人とは肌の色の違った人間のことなのでしょうか?

そうです。オリンピックのシンボル「五輪の輪」は、五色人を根拠として作られたものです。古文献に記されている、黄人《おうびと》・赤人《あかびと》・白人《しろびと》・青人《あおびと》・黒人《くろびと》が典拠になっています。

なぜ同じ人間で肌の色が違うのでしょうか?

五色の色は、神様が人間をお創りになられた時に、それぞれみ役を分け定められたことによります。そのみ役に応じて肌の色を分けられ、それが五つあったということです。

神様は人間を同じ霊成型《ひながた》でお創りになりました。しかし、同じ霊成型といってもどこか違えてあります。お互いが間違えて喧嘩などしないようにという配慮からです。そのうち、人間はだんだん増えてまいりました。やがて、神様がご覧になっても見分けがつかなくなるほど人間は世界にあふれてしまいます。神様は自ら見分けやすいように、人の肌を五色に色分けするお仕組みをなさったといってもいいでしょう。

五色人はどこが発祥地なのですか?

大神様は五色人の霊成型《ひながた》をお創りになりましたが、それぞれ発祥地がある訳ではありません。発祥地は一つであり、おそらく「日玉の国」ではないかと思われます。そして、もっと具体的には、十和田湖あたりではないかと推測されるのです。

つまり日本ということですか? それについて何か証拠があるのでしょうか?

「日本で五色人が発生した」という何よりも有力な証拠は、今に伝えられている宮中の即位式のなかに見出せます。

即位式で用いられる陛下の錦《にしき》の御旗《みはた》には、五色の魚が描かれ、三十二の波が織り出されています。この三十二という波の数は、国万造主大神様《くによろずつくりぬし》の「三十二相のお働き」に相当しています。

古文献に、「三十二相に化現した神」が登場します。これは、「万象を創られた神は波に乗って海を越え、世界各地に渡り、五色の魚としてそれぞれの文明を起こした」ということを暗示しています。そのため、五匹の魚が描かれているのです。

即位式では、太古の五色人の王が着座したときの様《さま》が再現されます。真中に黄色を据え、それを囲むように赤、白、青、黒の四匹が配置されます。（易の配置もここからでています）

日本の古文献を調べていきますと、上古第二代造主氣万男天皇《つくりぬしきよろずすめらみこと》以降、代々の神様（天皇）は世界各国を治めるために、十六人の皇子を派遣しておられました。

後には、世界の各地区から黄人・赤人・青人・黒人の王が毎年政治会議のために日本に参集するようになりました。その時少なくても十人単位、多ければ百人規模のお供を連れて来朝していました。

日本に世界の政府があったということなのでしょうか？

そうなのです。日本のスメラミコトの直系、もしくはそのなかの有力有能な方が、世界に分布した五色人を教化するために、布教して歩いていたのです。

『古事記』『日本書紀』に「皇室が多くを人民に教えた」という記述があるのは、その布教のことをさしているのです。

神代からのしきたりが近世まで伝わっていて、あらゆることを教えるのがスメラミコトの職掌とされていたのです。

このようにして世界に教えが伝わり、そのなかでもとくに発展したところで、五大文明が誕生したのです。

しかし、各文明が発展した後、地球に大変動が起こりました。ムー大陸の陥没、アトランティスの陥没、地中海の陥没、紅海の陥没などが、その変動の事例です。(これらは、地質学的にも証明されています)

日玉の国はどこにあったのですか?

日玉の国というのは、世界五色人の発祥の地であり、信濃の松代、上田、善光寺近辺、さらに飛騨の位山、乗鞍あたりまでの地域を指しています。したがって、現在の日本の国を指しているのではありません。

登山などで騒がれている乗鞍岳は、かつては神の「祈りの座《くら》」「神座」の意味だったのですが、今日では「馬の鞍《くら》に乗る」という文字に変わってきているのです。

日玉の国は、神代に一番最初にできた国名で、それまで地名というものはありませんでした。

次にできたのが「アマグニ」（天国）という地名で、これは「ミユ」（ムウ）大陸の北端にあたり、現在の北陸方面に相当しています。ちなみに、「ミユ」大陸の言霊の名残が、「三保の松原」で、おそらくミユが変化してミホとなったものと思われます。

また、人類の発祥当時、天照主日大神様《あまてらすひのおおかみさま》は第四次元の霊界から第三次元の霊界に天降《あも》られますが、それが「霊玉《ひだま》の国」だったのです。しかも、その地は位山からはじまっていると考えられているのです。

「日玉の国」で発祥した人類は、その後文明を築いていきますが、「天地かえらく」による大陥没のために、かなり長い期間にわたって交通が完全に遮断され、やむを得ず個々の地域がそれぞれ発展してしまったのです。

発展した後、いざ交通を開いて往来するようになってみると、結果的にお互いとても異質な相手を確認することになったのです。

五色人の発祥には複雑な経緯があったのですね！

神様は、日本で人間の霊成型《ひながた》を創り、さらに五色人の霊成型を創りました。そしてそれらを物質化現象として、また人種として、全世界に分布させました。しかも、その人種の教育のため、何百万年にもわたり、代々皇子を派遣するか、あるいは自らが海外に渡り、専心教化に従事されたのです。

古文献には、元地の日本に五色人を祀った神社があったと記されています。富山の「白龍満堂」がそれに当たり、五色の幕が張り巡らされています。

また、国幣《こくへい》大社や官幣《かんぺい》大社に行きましても、玉垣のところに五色の旗が下げてあるのが見うけられます。

なぜ五色の旗なのでしょうか?

五色人の王様は、日本に参集されるときには、必ず各民族の皮膚の色を象徴する「ス晴らしい」衣を着ていました。

たとえば、黄人は黄金色の袍《ほう》を、赤人は赤い袍を着用するといった具合です。日本人は、はじめは金色でしたが、それがいつの間にか黄色になってしまったのです。

しかし、同じ黄色でも日本人を「黄《おう》(王)人《びと》」と呼び、日本以外の枝国の人を「黄人《きびと》」と意って区別することになっていました。

五色人の着座順位は最初から定められていて、中央に金色の座があり、(日本の天皇《すめらみこと》の玉座《ぎょくざ》)、その回りに四色人の酋長が並んだのです。後になって、袍を着る代わりに五色の旗を掲げることになったのです。

即位式では、今も五色の旗が当時と同じ位置・配列で並べられます。これは、日本の天皇《すめらみこと》が、かつて五色人教化の総帥であったことを示すものなのです。

現在、その意味がすっかり抹殺されてしまっているにもかかわらず、踏襲《とうしゅう》されて続けていることからみても、五色の旗が重要な意味をもっていることは明白といわねばなりません。

「五」というのは非常に神秘な数霊です。

日本は五つの島から成っていますが、これは「ス晴らしい」人類の元地であることを島の数で示されているのです。

黄金人類＝日本

人間の雛型が創られ、五色人が発生したのは「霊の元つ国」(日本)、すなわち当時のムー大陸です。これは日本の古文献にのみ記されています。

五色人とは、黒人、白人、赤人、青人、黄人をいいます。証拠物件である五色人のお面が保管されている神社がありますが、それは一つ一つのお面が、それぞれの国の木で作られ、彫刻されているのです。このお面が本当の国宝と呼ぶに値するものであることは隠されてまいりました。日本では仏教の伝来とともに、仏像やそれに類したものが国宝とされるようになったのですから、私たちは目を晦《くら》まされてはなりません。真実は深く深く秘められているものなのです。

天皇家は、霊統としては万世一系であることに間違いはありませんが、実際の血統上は何度も血筋が交代しています。これは、人類進化のための血統争いと見るべきでしょう。天皇家の血統は次の三つに大別できます。

1、ご本家。黄人《おうびと》。日本の本土に残っておられるご系統。

2、ユダヤに行かれたご系統。メソポタミアに行かれたのと同じで、白人系統の天皇《すめらみこと》。

3、盤古系統。支那大陸を統治。

五色人の祖である皇統第二代一世造化氣万男身光天皇に対しましては、天皇《すめらみこと》という尊称でお呼びしておりますが、実際は応身の神様です。神様には、肉体をもたれた神様と、霊体身の神様がいらっしゃるのです。それはともあれ、この造化氣万男身光天皇の時代に五色人が発生しました。

五色人は世界各地に渡っていきますが、スの直系の黄人《おうびと》、ヨイロパ赤人祖、シナ・インダウ・天竺の三つと、その他の白人・青人に分かれています。五色人の動静について個々に説明してみましょう。

黄人《きびと》は、オオビトから分かれた人々です。オオビトというのは、本家の日本の島、というよりも当時の大陸（陥没したムー大陸などを指し、マヤ族、太陽族と呼ばれていた人々が住んでいた）にいて、今日に至っている人々の総称です。五色人の発祥地である日本に残ったのは、スの直系が中心となったオオビトということになります。黄人はオオビトとは違い、今のシベリアや支那大陸に行った皇子の子孫を指していますす。これを盤古系といっています。青人はオロチオ族（神話のオロチオ退治の物語に出てくるオロチオのことだと思われます）のことで、お尻も青いのです。今のシベリア付近にいたのですが、一部が西回りの旅をして、ヨーロッパに上陸しました。これが、現在の青い目のヨーロッパ人種の祖先なのです。

黒人《くろびと》は、はじめ「紫の人」と呼ばれていたのですが、次第に肌が黒色に変化していき、黒人《こくじん》になったといわれています。

ヨイロパ赤人は中央アジアを開拓していった人々を指しています。ヨイロパ赤人の女祖が一番最初に土着した地が、現在のメソポタミアです。この一族はさらに分かれて、エジプト、ペルシャ、アフガカブに渡りました。アフガカブとは現在のアフガニスタンのことです。

ペルシャにはスメル族が渡っていきましたが、このスメル族はシュメールともいわれます。スメルは、スメラ（天皇）の訛伝だと考えられております。

古代、ペルシャの首都は「スサ」と呼ばれていました。このスメル族のスサの王が、日本では須佐之男尊となっているのです。須佐之男尊はスサの王様ということになります。須佐之男尊の別名を月読尊といいますが、日本の古文献にはこの月読尊がペルシャに渡ったという記録が残されています。

アダム・イブ民王という名前が出ておりますが、これはお一人の名称です。この皇子はペルシャの西方で活動され、ご子孫がモウシェ（モーゼ）であり、モウシェの子孫に当たるのがイエス・キリストなのです。

ダン族は日本からユダヤに渡った一族をいいます。神代に壇というご一家がありましたが、それが西方に渡り、ダン族といわれるようになったのです。ですからダン族もやはり日本人なのです。このダン族がユダヤから追われて朝鮮に逃げてきますが、彼らが朝鮮の壇家の祖となったと考えられております。朝鮮にはダン族の子孫が多いことになります。

エリアはモウシェの分家で、エリアの嗣が堯帝となります。さらに、堯帝の子孫が秦の始皇帝となり、その子孫がハタ族（秦族）であり、日本に渡ってきて太秦《うずまさ》寺を建てました。「寺」の呼称がついていますが、この太秦寺は本当はペルシャ景教の宗教建築物であって、仏教寺院ではありません。このことは、日本の宗教文化が本来は日本の分家であるユダヤからきているにもかかわらず、支那の文化文物が輸入されるようになったために、日本があたかも仏教の受け入れ国であるかのような様相を呈してしまうようになってしまったよい事例といえるでしょう。

インドに渡った天竺民王《テンジクミットソン》のご子孫が住みつき、栄えた地を「天竺」といいますが、これは実は日本の古代語なのです。天竺民王のご子孫に釈尊（釈迦天空坊）がいらっしゃいます。インドには、釈迦族という部族は存在しますが、釈迦という人物はおりません。ゴーダマ・シッダルータという人物がいるのみです。釈迦天空坊には「釈迦」の字が用いられていますが、これが記されているのは日本の古文献だけなのです。釈尊は五十二歳の時インドを脱出し、日本に渡って来ているのです。

イエスも中央アジアを経てチベットにまで足跡を残しています。イエスは十八歳の時にチベットに入っているのですが、その時点からチベット歴史の中では消息が途絶えています。そして、十二年後に、突然チベットからイスラエルに帰還しています。世界のどの歴史を見ましても、この十二年間の空白期間、イエスがどこにいたのかは不明です。ところが、日本の古文献を閲覧していくと、ちょうどこの十二年間、イエスが日本に来ていたことがわかるのです。すなわち、イエスは皇祖皇太神宮で十二年

五色人の元と日本人

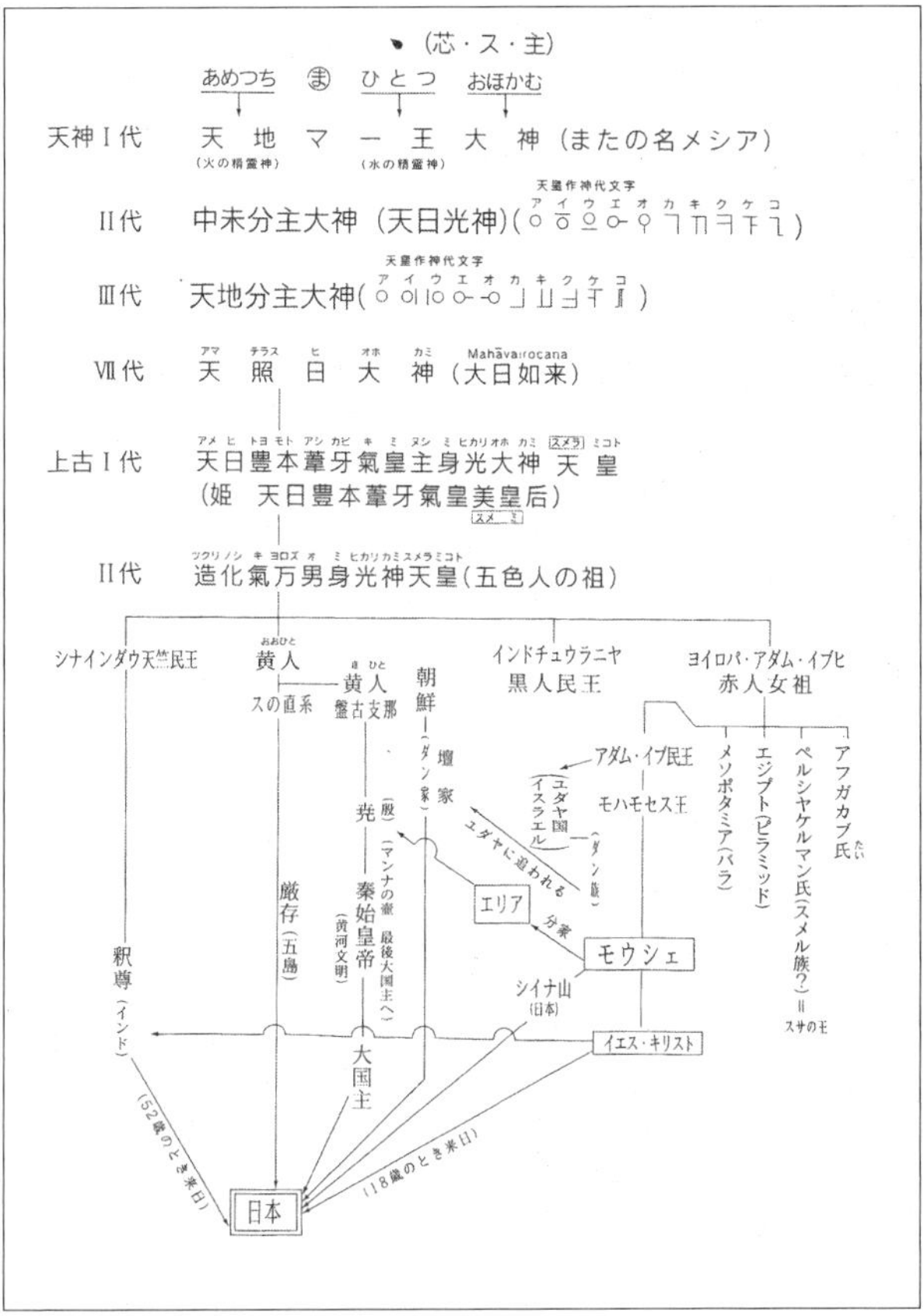

(芯・ス・主)
あめつち
ひとつ
おほかむ
天神Ⅰ代
天地マー王大神(またの名メシア)
(火の精靈神)
(水の精靈神)
Ⅱ代
中未分主大神(天日光神)
天皇作神代文字
アイウエオカキクケコ
Ⅲ代
天地分主大神
天皇作神代文字
アイウエオカキクケコ
Ⅶ代
天照日大神(大日如来)
Mahāvairocana
上古Ⅰ代
天日豊本葦牙氣皇主身光大神天皇
(姫 天日豊本葦牙氣皇美皇后)
Ⅱ代
造化氣万男身光神天皇(五色人の祖)
シナインダウ天竺民王
黄人《おおひと》
黄人《きひと》
スの直系
盤古支那
朝鮮
(ダン家)
壇家
インドチュウラニヤ
黒人民王
ヨイロパ・アダム・イブヒ
赤人女祖
アダム・イブ民王
(ユダヤ国
イスラエル)
(ダン族)
モハモセス王
メソポタミア(バラ)
エジプト(ピラミッド)
ペルシヤケルマン氏(スメル族?)
= スサの王
アフガカブ氏
堯
(殷)
ユダヤに追われる
(マンナの壷 最後大国主へ)
巌存(五島)
秦始皇帝
(黄河文明)
エリア
分家
モウシェ
シイナ山
(日本)
釈尊
(インド)
イエス・キリスト
大国主
(52歳のとき来日)
(118歳のとき来日)
日本

間にわたって修行をし、修行を終えて帰国し、イスラエルの救済のために立ち上がられたのです。

このように見てまいりますと、日本の歴史、チベットの歴史、中央アジアの歴史、イスラエルの歴史は、互いにつながり、交錯していることが分かってまいります。そして、こういったことは日本の古文献を研究することによって初めて明瞭になってくるのです。

日本国旗日の丸とは

「日の丸」には、すべての基本・中心を大自然（太陽）に置くという思想がこめられています。これは、「日の丸」の旗が神と結んでいることを意味しています。純真、無垢、公平「ス」直な白い生地に、赤き真《まこと》の心を気結《きむすび》、生結《いきむすび》、和久結《わくむすび》することによって、一切を仕組んでいるのです。

天津《あまつ》（魂《こん》）という「縦の結《むすび》」と国津《くにつ》（魄《はく》）という「横の結《むすび》」を「紅白の結《こうはくのむすび》」に置きかえたものが「日の丸」だと考えていいと思います。これは、生きとし生けるもの、一切万有に欠くことのできない「火心と水心」「陰と陽」「父と母」の和合・結合という「芽出度き結」を表徴しているのです。

生きる最高の悦びを極め尽くした、一切生命（魂命霊気《おおみたま》）の華表が「日の丸」なのです。

白地にはどのような意味があるのでしょうか？

白地は「水心」を表しています。すなわち、母の位を示したものです。

水心は、一切万物が生まれ、生じ、成る「一初めの位《いちはじ》」にあるものです。絶対純真の「ス」直であり、常に大自然の法則に従い、円の器に従う大慈悲をもった愛のことです。

豊にして大らか、いかなるものも抱擁なし結ぶ、というこの真価は、母の位にあるものなのです。

白は魄《はく》の結《むすび》です。すべての形あるもの、種の保存、女《にょ》（内気）の態《たい》（体）を表し、生々して止むことのない「横の結」「地の結」を象徴しています。

それでは、赤い円のもつ意味とは何なのでしょうか？

赤い円は火心を表しています。すなわち、生命の本源、日嗣《ひつぎ》を示したものです。

火心は、魂《こん》の結です。これは「縦《たて》の結」「天の結」「父（外氣）の結」であり、赤き氣、赤き血の大活動大飛躍を象徴しています。

日の丸が日本の旗となったのはいつの時代だったのですか?

日の丸は、不合六代(上古第三十一代)天皇の旗で、「日ノ神赤玉の旗」と名づけられていました。これが日本の国旗の濫觴なのです。

アイウエオ(8方)　日本神洲八島の響き
アオウエイ(10方)　世界十全の響き(世界平和の型)
スウアウエイ(16方)　地球及び太陽系(日月の命の響き)

今後は、8方の世界を10方の世に変えなくていけません。我々の世界では、最後は世の中を10方に変えなくてはならない、という掟があるのです。これがミロクの世です。(そして最後は日と月の命の響きへと)

16方の世界は、菊花紋ですね。本当は菊の紋は17花というのです。16の菊花紋といっていますが、これは花弁の数であって、中心に円がありますね。これも合わせて17なのです。

スウアウエイ、これが16方です。スーウーを刑象学で形を表わすと図①のようになりますが、この呼吸法がスーウーなのです。（すべてを根元神、日、月へ戻す意味）

弘観道にも呼吸方がありますが、無呼吸といって息を止めて皮膚で呼吸をするのです。地球の振動と共鳴すると、皮膚呼吸になります。でも、これはけっこう危ないですよ。気持ちが良いなんて言って、5分も息を止めていると逝ってしまいますからね。

10方の10は完成された世の中ということです。16方は6が入りますから、6角の結晶体で響きということです。太陽系はすべて16方世界です）

次は太陽についてお話しましょう。今、太陽は人間で例えますと73歳です。病気を抱えており、その病名は心筋梗塞、狭心症です（笑）。つまり、太陽がガス切れ状態になっているということなのです。

みなさんは、どこかの国が木星に核ミサイルを打ち込んだという話を聞いたことがありますか？

1990年から、或る国の政府は木星を太陽にしようという、或る計画を進めていました。それは、現太陽が寿命を迎え、新しい太陽が必要となるので、木星を新太陽にしようというものでした。そこで、木星にミサイルを打ち込んで太陽化しようとしたのですが、実はこれは成功しませんでした。

なぜ成功しなかったか？　まず、木星は太陽にはなりえなかったのです。太陽に変化させるほどのエネルギーを核ミサイルで与えること自体に、無理がありました。それに、運んでいる段階で一個、爆発してしまったという事故もあったのです。シャトルが吹っ飛んだのですが、これが宇宙空間だからよかったですね。地球で核爆発があると、大変なことになりますからね。それで、裏の議会でそれ以上の実行を中止したのです。

実は現在、太陽化計画はもう一つあります。今度は火星。でも、この計画は火星を太陽にするのではなくて、人間が火星の地下で生活できるように、古代都市の文献から、酸素の量や条件を調査しているのです。

火星というのは、地球にある国、メキシコとそっくりなのです。メキシコには洞窟が沢山ありますよね。その中に必要分の酸素の量を満たせば、火星の状態とだいたい同じです。

富士と鳴門の裏の仕組み

次は、「富士と鳴門の裏の仕組み」についてお話しします。大本教では「富士は晴れたり日本晴れ」といっていますが、まず、鳴門を象徴しているのは渦ですよね。一方、富士山を鳥瞰して上から見ると、やっぱり渦なんですね。そして鳴門も渦、この渦と渦が共鳴しているのです。（富士は火太陽の象徴、鳴戸は水にて月の象徴）

富士山には8つの結界があります。表が4つ、裏が4つです。

表の結界が張られているのが浅間山なのです。それがかなり、動き出していますから、その反対の結界が動いたら富士山は危ないのです。裏は伊豆七島ですが、三宅島などの伊豆の島が噴火したら、裏と表の結界が外れますからまずいんですね。それを抑えているのは、松代とか、いろいろな場所があるのですが、詳しくは言えません。

つまり、裏の結界が外れたら、表の結界も外れるのですが、この原因に、台風が考えられるのです。ビールの瓶を振ると、

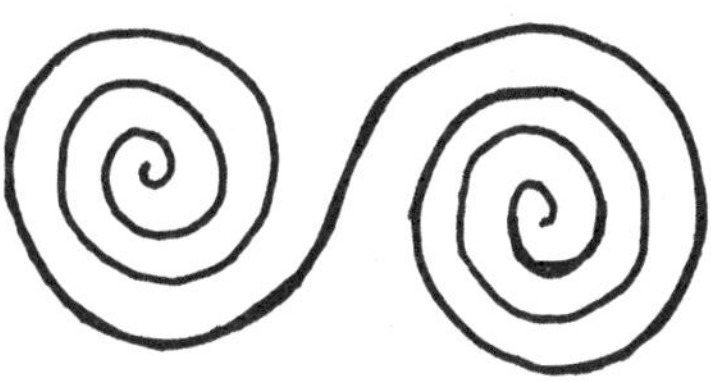

火と水　＝　神なり

中の気圧に影響して栓がポンと外れるでしょう。台風が、或る場所を直撃すると、そんな状態になるのです。その影響が、富士山まで行ってしまうのです。

これが裏の仕組みです。富士山と鳴門は宇宙から見ると、富士山も渦、鳴門も渦で、この渦と渦はまるっきり相似象なのです。（図②参照）火素と水素の型（太陽と月のひなヒナ型の渦です）

形で描きます。富士山は上に立っています。鳴門の渦は下に富士山を逆さにした形です。この二つを合わせるとピラミッドになります。

「鳴門の仕組みが富士に移る」ということは、鳴門の渦と富士山が重なるということなのです。

これを形象学で描くと、三角と逆さの三角が重なり丸に点が中心に入った星の形になります。（図③参照）

ですから、伊豆七島や三宅島で大

火水合わせ

〈生命力〉

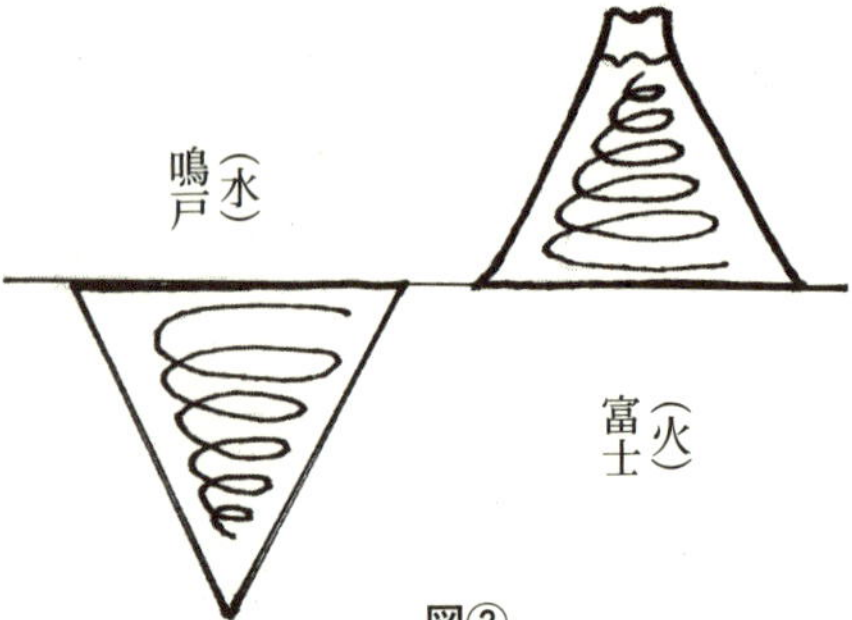

図②

噴火が発生したら何が起こるか。これは占いの世界じゃなく、実話の世界です。細木数子さんの悪口をいうわけじゃないけれど、六曜占星術では、個人個人として、運気が良い、悪いというのがあるでしょうが、三宅島に住んでいた三万人は、なかなか、島には戻れていないのです。その中には当然、運気が良い人もいました、占いなんか通用しないでしょう？

なぜかというと自然法則の方が上だからです。

例えば、名前が良い、家相が良い、人相が良い、星占いで運気が良いといっても、人間は自然の法則には逆らえません。どんなに運気が良くても、三宅島に住んでいた方々は、全員避難だったんです。

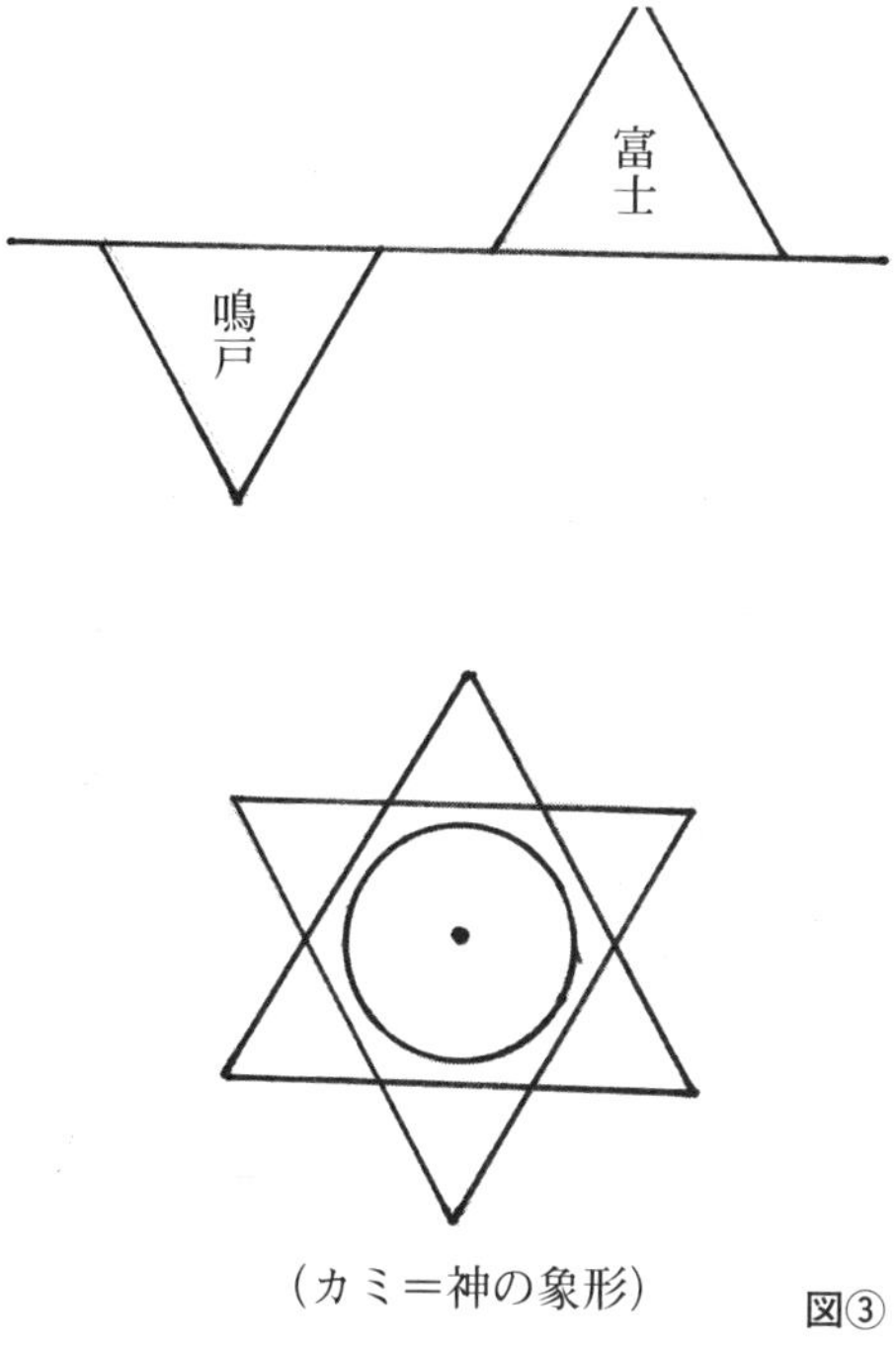

（カミ＝神の象形）

図③

そして、なぜ、富士山が大事かというと、富士山が噴火したら、影響を及ぼすのは、大都市東京などといった、富士の周辺だけじゃないのですね。地球がなくなるのです。昔、西暦５００年代に富士山が噴火すると同時に、３５度線の上にある全部の火山が噴火したのです。世界中の火山が３００個ぐらい同時に噴火したということがあったのです。**（そして太陽活動と富士山は連動しているのです）**

今度、富士山が噴火すれば構造線に亀裂が入りますから、日本列島は全部、海に沈みます。隣の韓国も駄目です。全部、沈みます。

そして太陽も大型フレアの爆発を起こします。（上の如く下も然り）

そして、最後はどうなるか？　地球が裂けてしまうのです。ですから、ガス抜きぐらいだったらいいのですが、富士山は絶対に噴火させてはいけないのです。

大本營を知っていますか？　なぜ、長野県の松代の防空壕に大本營を作ったのでしょう。そこは富士山の一番大切な所なのです。もし敵がそこまで来たら、あることをしようという計画がありました。

日本は外国に攻められないように、風水的な防衛策がいくらでもとれるのです。日本の火山帯に爆弾を仕掛けて、脅されたらいつでもボタンを押すぞというのです。そのボタンを押したら、日本のみならず、世界が全部、潰れてしまいます。詳しくは話せませんが、こういう仕掛けを明治から戦中、戦後まで考えていた人がいました。日本は海洋国家ですが、守り方によっては世界と心中するぐらいのことはいつでもできるのです。**（沈黙の艦隊とは海洋国家たる日本国土そのものを言う）**

逆に一番難しいのは、ミサイルを止めることですね。いくらミサイル防衛システムを配備しても駄目でしょう。相手がミサイルに燃料を入れ始めた時点で、叩かなければなりません。（すべて基を断たないとダメです）

ひとりごと

北朝鮮の将軍様は5年前に他界し、影武者が今仕事をしているという内容が週刊誌に掲載された。

同じような話題として、日本のある宗教団体の教祖もそうであるという。

国とは、本来易姓改革ならぬ大義を以て成り立つ！

武田信玄の如く三年間隠す。サブプライムローンの問題を隠して三年後に本当の正体が出て来たとき、アメリカがどうなっているか？　それが楽しみです。

パート2　ゴールデン・フォトノイド（黄金人類）

（＊この章は、２００５年１月に行われたＩＮＴＵＩＴＩＯＮのセミナーが基になっています。）

太陽系構造線とシリウス

ここまではイントロ。これから本題に入りますよ。

太陽系のメタ文明と言いましたが、メタ文明、太陽系維新構造線というのがあるのです。維新構造線ですが、日本にもフォッサマグマというのがありましたね（新潟県と静岡県の堺に流れる糸魚川に沿った断線。これによって、東日本と西日本とに分けられている）。この太陽系にも、実は構造線があるのです。これを知っている人は、科学者でも地球に三人ぐらいでしょうね。

太陽系構造線というのは、実はシリウスの境界線のことなのです。

太陽系の型となるシステムテクノロジーは、全部シリウスのシステムなのです。そして日本神道で言うところの、スサノオの働きがシリウスです。太陽の二百五十万倍のエネルギーを有する星、シリウス。このエネルギーが、電子レンジのように太陽との共鳴現象を起こして、太陽フレアを表出しているのです。これが太陽フレアの本当の原因です。

すなわち、太陽の黒点活動が十一年周期を過ぎてものすごく活発になっているのは、その陰で、シリウスという星が目には見えないマイクロ波で、太陽の活動を増長しているからなのです。（新太陽がシリウスと言われる理由がここにある）

シリウスは地球から見て、たった8、7光年しか離れていません。地球上から、一番輝いて見えるのはシリウスなのです。その次が宵の明星、金星です。そんなに輝いているシリウスには、どれだけのエネルギーがあると思いますか？　なんと、太陽の二百五十万倍のエネルギーを持っているのです。そのエネルギーは、太陽系そのものが変わってしまうぐらいの力を持っています。

科学者の世界では、フォトンや宗教の話をされても、ぜんぜん相手にしません。例えば、「大本教の出口さんがこう言っていました、岡本典明さんがこう言っていました」と言っても、「それがどうした。じゃあ、科学的なデーターを出しなさい」と言います。

これでは、ガッツ石松さんと同じです。

「火星人っていると思いますか？」

「俺、行ったことないから分かんねー」（笑）

「じゃあ、北朝鮮の問題はどう思いますか？」

「ＯＫ牧場」

これじゃ科学者の先生達は相手にしませんよ！（笑）

科学者の世界もそんなものですよ。データと文献を出しなさい。根拠がなければ、宗教的事実があったとしても、全部否定されます。

科学者が認めなくても、シリウスから放射線が出て、太陽に影響を与えているのは事実なのです。

この前、ビート・タケシさんの番組、「テレビタックル」で岡田光興さんが出ていて、フォトンベルトの話をしていましたね。外国のフェルミ研究所でフォトンの研究をしていると言ったら、大槻教授が、フェルミ研究所にはそんなセクションは無いですと反論していました。実際、そんなセクションはありません。

日本でも、フォトンを専門に研究をしている天文学者、物理学者は誰もいません。予算が付かないからです。もし、研究するとしても、管轄が軍事的なものになりますから科学技術庁ではないのです。アメリカのペンタゴンといった機関に全部管理されるのです。

でも、日本人にはいませんが、外国の方で、日本の機関を使って研究をしている方はいるんですよ。それなのに日本人からは、5年、10年経っても、フォトン専門の研究者は誰も出てこないのです。(日本人としては正直私だけです)

ロシアで最高の科学者といわれた人や、数学部門でノーベル賞をもらってもおかしくない、テレンス・マッケナさんも、「タイムウエーブ・ゼロ理論」などで2012年のことをおっしゃっています。

それなのに日本はそういう人がいないのは、おかしいと思いませんか?

結論から言います。太陽系や宇宙に関することは、日本人は一切口出しをしてはいけないと言われているからです。天体望遠鏡で見て、データを調べるのはいいのです。そして、その情報の提供も求められているのです。でも、そうして部分の研究はできても全体のことは解からない。

なぜかと言えば、先ほどの話に戻りますが、制空圏がこの国にはないからです。だから、ロケット一つ、まともに飛ばせないのです。

太陽系構造線というのは、シリウスと太陽系、シリウスから太陽を包み込む、大きな円が太陽系構造線なのです。

簡単にいうと、銀河という世界は反物質宇宙で、極やエネルギーが違うのです。一方、太陽系は物質宇宙です。では、その境界にあるシリウスはどちらに属するかですが、両極性ののエネルギーの星です。エネルギーの質量は太陽の二百五十万倍もあり、重量はものすごく重いのですが、物質ではないのですね。

そして、太陽の秘密ですが、太陽は本当はそんなに大きくないんですよ。燃えているコロナで大きく見えますが、実際は六百分の一ぐらいです。地球上で熱光線が大気に触れることで熱を発生して、海水を透し反射してあのように見えるのです。

宇宙空間も実はそうなのです。実験をしてみると解かるでしょうが、地球の海の水が全部なくなっても、星が見えるかどうかですね。実は、海の水が無ければ星は見えないのです。水が星のエネルギーを反射して、天空に星を映しているのです。

それにしても、おかしいと思いませんか、何万年も前に星から発せられた光を見ているというのは。我々が見ているのは一瞬じゃないですか。つい最近だって、**キリン座というところで、太陽の一兆倍のエネルギーを持つ超新星ができた**のです。それなのに、地球に何か影響がでましたか。

つまり、外銀河で起こる超新星の爆発とか、ブラックホールなどの宇宙現象は、極性の違う太陽系にはあまり影響を与えないのです。

フォトンベルトの話になりますけれど、銀河系にはプレアデスの黄金の渦がかかっています。でも、太陽系の軸は極が違うから、あまり影響は受けません。逆に影響を受けるのは、同じ質のエネルギーを持つ、外銀河の太陽系なのです。

地球に必要なのは、今、シリウスの渦です。精神世界においては、プレアデス人がきて人間の遺伝子操作をしているという説とか、いろいろありますよね。

私が言いたいのは、今回はシリウス星人といった存在が、地球人を助けるのではないのです。**シリウスの太陽の二百五十万倍のエネルギーが構造線に影響を与えて、太陽系そのものを変えていくということです。**今回はエネルギーなのです。

逆に言うと、フォトンエネルギー、プレアデスの黄金銀河のエネルギーの渦よりも、太陽フレアの方が強いんですね。

では、なぜ、太陽エネルギーが強くなったかについてですが、多くの人がフォトンの影響だと思っているでしょうね。でも、本当は違うのです。

シリウスそのものが活発化して、太陽系にエネルギーを送っているからなのです。目に見えないマイククロ波よりも細かい電磁波が、太陽のフレア現象を起こして、それが地球に影響を与えているのです。そのエネルギーを日と月が受けて、地球に大変革を与えます。

マヤ歴では、2012年は月の働き、時間の終了の時と言われています。マヤの五千年の歴の中では、2012年12月22日が、太陽と月が大変化する時だと言われているのです。そうすると、今の太陽に変わってシリウスが新太陽として、この太陽系に働きかける可能性が高いと思われます。

ところで、今、なぜ土星まで探査衛星が行っているかですが、どうやら土星という星が太陽だった時期があるのではないか、太陽のような役割をしていた時期があるのではないかを調べるためです。

ギリシャ神話の中では、土星は太陽だったという話があるのです。太陽系の中で一番位が高いのは、太陽ではなく土星だったそうです。

土星はサターンと言いますが、審判の星でもあり、太陽の輝きを持っていたというんですね。

太陽系の構造線は、物質宇宙と銀河宇宙という、次元や、構成要素がまったく違う宇宙の分岐点になります。その構造線の中心にシリウスという星があって、太陽を通して地球に間接的にエネルギーを送っています。

すなわち、今回のフォトンのアセンション、時元上昇については、いろんな言葉で語られていますが、ズバリ、太陽と月の変化による地球の大改革です。

春、夏、秋、冬、夏の次は秋が来て、秋の次は冬が来る。宇宙のリズムとは、そうした四季の変化のようなものなのです。これはマジックではありません。

その時、地球はどうなるのか？　人間が半霊半物質になるとか、光子体になるとかいう人もいます。昔の人が、預言という形で、宗教的な表現をつかって書いたりもしています。

あともう一つ、構造線の話ですが、日本には国体構造線というのがあるのです。日本の国体構造線は、君が代（岐美が世）なのです。「岐」と「美」、つまり、日本の神様はイザナギ（岐）とイザナミ（美）だということです。これが仲が悪くなったりすると、日本がおかしくなります。岐と美の働きが、この国を守っていたのですね。（精神と物質の大調和です）

原子でいうと、プラスとマイナス、原子核でいうと、陽子と電子の働きです。日本の国体そのものが「岐美が世」で、すなわち、イザナギとイザナミの働きということなんですね。（国歌の君が代も、精神と物質のバランスを表してます）

太陽維新構造線の秘密とは、すなわち、シリウスのエネルギーが太陽系に降り注ぎ、太陽が活発化して太陽フレアになり、フレアのエネルギーが地球に送られるということなのです。

でも、それを調整しているのはどこだと思いますか？　それは、月なのです。月が全部調整しているのです。なぜかというと、月が地球の海水のエネルギーを全部支配しているからです。

太陽と、月と、地球とで三千世界といいます。大本教の神の啓示に「三千世界、一度に開く梅の花」とありますが、我々は三千世界の宇宙に住んでいるのです。

そして、この太陽系宇宙は有限だということです。無限じゃないから、人間は生まれた瞬間から死に向かって生きているのです。これこそが、生命の最大の進化なのです。

そして、繰り返し言いたいことですが、何でこんな肉体をまとっているのだろうと、親を恨んではいけませんよ。恨むのなら創造主を恨みなさい。人類のプランナーは創造主ですから。八百万の神様と言いますが、人間を創るために、まず自然を創ったのです。そして人間を創造していったのです。

だから、創造主から見て、良い悪いは別として、最高の作品は人間なのです。お金でもなければ文化でもありません。それは後で人間が作ったものです。人間が作ったものは全部、「学問」といい、神様が創った法則を「道」というのです。

そして、自然から人間はできていて、自然から分かれたから「自分」というのです。

じゃあ、この自然とは何か？　神の法則です。八百万の神とは神の法則で、森羅万

象のことです。（森羅万象の事を衆妙と表現します）
自然とは何のためにあるのか？　人間を創造するために創られたものなのです。だから人間はすごいのです。だから人間そのものを、崇めなければなりません。（人間は神仏の総体をして創造主が自ら手がけた芸術作品です）

再び、数霊の話をします。

数霊の法則

ナルトは自然ですが、ナルトもニンゲンもヒカリも全部足すと８１になります。８１とは原数です。つまり、自然も人間も光も同じ数霊、構成因子からできているということです。だから、**人間イコール光**ということです。

そして、人間は元々は光だから、これからは光に向かって進化していくのです。みなさんの遺伝子には光を構成する遺伝子があるんですよ。

ヒ	カ	リ			
３０	６	４５		＝	８１
ニ	ン	ゲ	ン		
２５	１	５４	１	＝	８１
ナ	ル	ト			
２１	４３	１７		＝	８１

コンピューター社会のこれからは光ファイバーでしょう。コンピューターは、実はたいしたことはないのですよ。人間の脳に似せてコンピューターを作っているのですが、人工知能はまだまだ人間の脳には及びません。科学がどんなに進歩したとしても、逆立ちしても人間は虫一個も作れません。

人間がダムを作るのには、三十年もかかるのです。神様はたった一日でダムを作りました。(新潟大地震にて) 聖書では天地を一週間で作ったと書いてあります。神様の働きは本当にすごいですね。

自然の法則や、神様の力に気付くと、神様の力や働きが表に現れてくるのです。私も滝に打たれたり、いろんな行をしますが、様々な力を付けるのは簡単なのです。自然の空間を意識して生きる、ただそれだけで良いのです。

滝行をしたり、護摩焚《ごまだ》きをしたり、祝詞《のりと》をあげたり、呪文を唱えたりしましたが、何のためにやったのか? 結論を言うと、この空間に気付くということです。空間は何も無いようですが、全てがあるのです。空間には、いろんな音、波動があり、周波数があるのです。

この空間の働きが解かることを「観音」というのです。それの力を観音力と言っているのです。行をすれば解かるのですが、元々自然の法則にあるものです。最近、日本人の力が失われているのは、自然と一体になっていないからです。

どんな人間でも、山で3年も暮らせば変わりますよ。食べ物も変えて自然と共に生きていれば、みな変わります。現代ではそういう生活ができないから、変わらないだけの話なのです。

でも、日本にいる方は、元々変わることのできる素質があるのです。心や精神の中に、すでに持っているのです。

先ほど、地球の歴史の中で日本が中心だと言いましたけれど、数で表わすと地球は五なのです。魔方陣でも五が中心です。

五を分析すると二と三、一と四です。二は陰陽のタオの形で、三はお寺にある三つ巴の形ですね。

二三はマージングポイントです。

「22を超えてゆけ」(辻麻里子著・ナチュラルスピリット)という本もありましたが、二二とは密教の数で、物質宇宙の限界数なのです。見える世界とは、全て二二の構成因子と構成要素で成り立っています。これを西洋では「カバラ」といいます。

そして、見えざる世界は簡単に言うと二四なのです。二二と二四の分岐点が二三ということです。

先ほど、ヒカリ、ニンゲンなどの数は八一と言いましたね。数の原数は八一まであるのですが、中心数、真中の数が四一です。その四と一を足すと、五になります。地球の数は五でしたね。だから地球が、宇宙の中心なのです。

はっきり言いますが、今の科学では、すべての解明は無理です。

例えば、精神世界の方は、7秒ぐらいで意識を飛ばしてアンドロメダぐらいまで行けるのですよ。でも天文学では、光速で230万年も離れているでしょう。月まで32万キロとか。でも、パッと見た瞬間に、みなさんの意識はすでに行っているのです。月まで肉体をともなって、実祭に行く必要はないのです。見ただけで、この空間で共時性を起こしているのです。

それに気付かないと、距離のマジック、数のマジックにかかってしまいますよ。宇宙は果てしなく遠いのではないのです。宇宙と思った瞬間に、みなさんの中に宇宙は存在するのです。神秘学とか密教とは、こういう世界なのです。

密教では、曼陀羅を見て瞑想するでしょう。掛け軸に丸を描いて、これを月だと思いなさいと。それを月だと思って瞑想すると、共時性が起きるのです。

すなわち、紙の月は本物ではないけれど、月だと思うことで月の作用が働くのです。これが共時性の理論です。

みなさんは、太陽にも月にも行ったことはないでしょう。でも、映像として見ることはできるでしょう。映像として、アンドロメダやきれいな銀河の渦を見ることができますね。みなさんは実際に行っていないけれど、意識の中で常にこの空間の現象を「観ている」のです。

眼で見るのはこの「見る」という漢字で、**意識で観るのが「観」なのです**。実際に行っていない擬似体験のときは、見ると書くのです。

観に光を足すと「観光」になるでしょう。**観光旅行とは光を観にいっている**のです。景色を見にいっているのじゃないのです。場のエネルギーを眼で見るのじゃなく、意識で感じ取っているのを観光といっているのです。

日本は、観光目的の集客数は、世界で第三五位ですよ。（本来日本は観光一位、温泉大国なのです）だから日本はダメなのです。

（2008年9月、やっと私の提案した観光庁が新設されます）。

解りますか？　物質世界が地球で、エネルギー世界が宇宙で、それを繋げているのがシリウスで二三だということです。二と三を足すと五であり、この五は中心を表わし、エネルギーの総体を表わすのです。そして地球の数霊が五だから、地球の数霊の意味は中心だということです。

数には意味があって、法則があって、理があって原則があるということです。

神国日本

遠い遠い昔から、日本人が守り続けてきた神道とは何なのでしょう。神道が分からねば日本が分からぬといわれるほど、日本人の心の奥底に根を下ろしてきた重要な文化現象ですが、神道はいまなお、多くの謎を秘めている不思議な宗教なのです。

私たちはふだん鎮守様やお祭りには慣れ親しんでいても、神道と日本人の関係など、あらたまって考えたこともないでしょう。これほど重要な信仰なのに、不思議にも学校の先生も両親も、神社とは、神道とは何かを教えてくれない。普通の大学でも、神道の講義はどこでもやっていないのです。

マッカーサーの神道壊滅計画

マッカーサーがワシントン政府から受けた占領政策の第一号命令は、日本が再び米国や連合軍の脅威にならないように徹底的に弱体化、無力化することでした。そのため日本人の精神の底にある強烈な愛国心を抹殺すること、つまり大和魂を抜くことが急務となったのです。米軍を悩ました神風特攻隊、人間魚雷を生む日本軍将兵の、激しい敢闘精神の根源を打ち砕くべしと考えました。

マッカーサーは、日本の激しい戦争遂行イデオロギーを支えたものは何かと考えました。それが日本神道であると確信し、まずは国家神道である靖国神社、明治神宮、伊勢神宮、熱田神宮の焼き払い計画を立てたのです。マッカーサーは神道も、キリスト教等と同じ戦う宗教と勘違いして、これら神社を抹殺してしまえば、大和魂も消滅すると早合点しました。

この野蛮にして無謀な計画は、当時日本に駐在していたローマ法王庁の代理公使ブルーノ・ビッター神父の諫言で取り止めになりました。

彼は英霊を祀る靖国神社を焼き払うような暴挙は、米軍の歴史に不名誉きわまりない汚点を残すことになり、これは米軍の占領政策と相容れない犯罪行為になると訴えました。

つまり、いかなる国家も、その国のために死んだ人々にたいして敬意を払う権利と義務がある、それは戦勝国、敗戦国を問わず、万国共通の真理でなければならないはずだと。

この諫言で、さすがのマッカーサーも後ろめたかったのか、靖国神社焼き払い計画は思いとどまることになりました。幸いでした。

ところが、マッカーサーの心底収まらず、彼は今度はその腹いせに、全国の一般神社に深刻な影響をあたえる「神道指令」を発しました。これは政府に「国家神道、神社神道に対する政府の保証、支援、保全、監督及び弘布の廃止」を命じたものです。これは神社全体に対する、マッカーサーの攻撃でした。

神道指令の精神は、後の憲法の政教分離条項にもなり、靖国神社への首相参拝問題、地方首長の招魂社への玉串料違憲訴訟といった、外国では考えられない非常識な紛争問題の種を残すことになりました。

なぜ皇室伝統は、かくも長く続いているのか

戦前の日本人は、日本の国体とは何かと問われると、即座に万世一系の天子の国と

素直に答えました。元旦には「一系の天子、富士の山」と口ずさんで、平和な天皇の「日の本の国」に生まれたことを、しみじみと感謝してきました。

戦後はまた、戦前とは違った様相を呈してきてはいるが、皇統が絶えることなく続き、国民の大多数がこれを敬慕していることには変わりがありません。

この世界に比類なき皇室の伝統は、神代から続く伝統を保持しようとする皇室の努力と、これを守り育てていた日本民族の知恵の結晶だったのです。ご承知のとおり、今日も天皇は日本国の象徴であり、国民統合の象徴で、国家元首です。時代状況は変わっても、これは古代から現代まで一貫しています。この統合性と連続性こそ、日本の天皇制の特色です。だから、好むと好まざるにかかわらず、天皇制を無視し、これに触れない日本論はなりたたないのです。

なぜ皇室は皇統連綿として百二十五代、二千六百五十九年も絶えることなく続いてきたのでしょうか。それは、共産党が皇室を侮蔑して、「天皇制」と呼ぶような「制度」ではなかったからです。それは誰が制定したわけでもない、民族の中に自然に育まれた文化だったのです。

特定の実力者が創り上げた「制度」ならば、別の野心家によって、中国の易姓革命のように何度も変革されていたはずです。ところが、皇室はそうではありません。この皇道は、神道の発生と同根で、民族がこの風土から学びとった「惟神（かんながら）の道」と見ることができます。

国民は、伊勢神宮や各地の氏神を、畏敬をもって何千年も維持してきたように、皇室に反逆するなど考えもせず、親愛の情をもって守ってきたものです。それは決して人が創った「制度」ではなく、自然に生まれた神ながらの道の、中心的存在だったからです。

皇室と国民の関係は、本家と分家、君民一体の絆は、親子関係と同じです。国民は天皇との関係を理論的に知らなくとも、天皇の御前に立つと、ジーンとした血のざわめきを覚えます。それは、天皇の血と私たちの血が同一起源から発して、常に共鳴するからです。これを実証するには、次のように考えればよいでしょう。

一人の人間が存在するためには、父母という二人の親が必要、二代前は四人の祖父母が必要と考えていくと、十代前までさかのぼると先祖の数は千人台に、二十代前では百万人台に、三十代前では十億人を超えます。ネズミ算の逆算です。ところが、百二十五代前の神武天皇の昔から、日本の国土に生きてきた日本人の数はたった四、五億人と推計されています。だから相互に親を、先祖を何度も共有し、親戚同士でなければ数が合いません。

日本は島国で、三千年来、異民族の大量渡来もなく、侵略されることもなく、完全封鎖、鎖国社会の純粋培養で、相互に血のつながりを持ち合って形成されてきました。だから、天皇を本家とする一大家族国家になるのは当然でした。誰でも日本人は、どこかで天皇とぶつからなければ、自己は存在しなかったのです。

歴史上、源氏と平氏とは宿命的な対立関係にある家柄だと教えられてきましたが、元をただせば、平氏は桓武平氏（五十代・桓武天皇）、源氏は清和源氏（五十六代・清和天皇）と言われるように、数代前の先祖は、ともに天皇家からの枝分かれだったのです。

日本人は個人よりも家柄を大事にする民族です。どの家の墓碑銘もたいてい「○○家の墓」で、個人の名は主張しません。どの家も数代前の先祖は辿れても、その先を知ることは困難です。そこで、総本家としての天皇家の血統を正しく伝えておけば、それで自分の系譜を代表することができます。民族の種の起源、出生の秘密を天皇家に代表して守り続けたのは、素晴らしい知恵だったのです。

かくて天皇の血と国民の血は同じであり、日本人は皆、「己のなか天皇をみて」暮らしているのです。だから国民は、意識しなくとも天皇に近づくと血が共鳴し、親愛と感動を覚えます。「君が代」が栄え永続することは、国民皆が栄え続けることと、まったく同義なのです。

天皇陛下の知られざる日々のお仕事

稲作民族の日本は、太陽信仰の天照大御神を中心とする国生み神話を残しました。その天孫初代の神武天皇から今生陛下まで、天津日嗣《あまひつぎ》は絶えることなく、一二十五代を数えるにいたりました。この世界最古の皇統の連続性はなぜ保たれているのでしょう。

皇室が武力や権力で国民に臨んだり、国民と対立したことは歴史上一度もありません。天皇の住居は、城郭を必要とせず、御所という普通の住居にすぎません。天皇のお仕事の中心は、天照大御神を祀る〝賢所《かしこどころ》〟、歴代の天皇を祀る〝皇霊殿〟と、日本の神々を祀る〝神殿〟の宮中三殿に、国民を代表して、朝な夕な国家の安泰と国民の幸福、世界平和を祈る神官の行事です。

神社がすべて平屋建てで、国民と同じレベルに鎮座しているように、皇居の宮殿もすべて平屋建てで、国民の上に立って、高みから命令を下すということもありません。「朕《ちん》思うに」で始まる勅語は、命令ではなくすべて「みことのり」で、「私はかく思うが、国民のみな様はどう思いますか」と問いかけておられるのです。この一事でも、天皇は外国の独裁的な皇帝とも、キング、ツァーともまったく違う、日本最高の神官であることが分かります。日本は自然の恵みが豊なので、自然に順応してこれに感謝し、勤勉に働き、神を祀っていれば、国民は幸せに暮らせたのです。したがって、神を祀ることが政治の政《まつ》りごとと同じで、祭政一致の国柄をつくってきたのです。そのため、天皇の第一のお仕事は、第八十四代順徳天皇の『禁秘抄《きんぴしょう》』に述べられているごとく「神事を先にし、他事を後にす」ことでした。昭和天皇もこのことを述べておられました。

私は最近、日本の天皇は、各町村のお祭りのおみこしのような存在ではなかったかと考えてみるようになりました。神社のおみこしは、決して村人に「おれは偉いのだから、みなのもの担げ」と命令したことはありません。村人が進んで担ぐことにより、共同体村落の連帯感を強化し、むつみ合い（和一処、ワッショ）、平和と繁栄を喜び合い、我が村落の誇り、アイデンティティーを内外に誇示するのです。みこしは、ただ黙って担がれているだけで満足しているのです。それは天皇のお姿そのままです。

天皇の第二のお仕事は、日本の文化と伝統を守り、これを後代に誤りなく伝えることでした。天皇は暦をつくり、時代転換を期する元号大権を持っておられました。このため、歴代の天皇は例外なく学問文芸を好まれ、当代一流の文化人でもあらせられました。

明治天皇は、一〇万に及ぶ秀れた御製を残されました。

〝朝みどり　澄みわたりたる大空の　広きをおのが心ともがな〟

〝四方の海　みな同胞と思ふ世に　など波風の立ちさわぐらん〟

と、どの一つをとっても武人の心は片鱗もなく、文人に徹しておられた事が窺われます。

天皇はすべての国民に慈愛を持って臨まれ、その貫く精神は「仁」の一字で示されています。民の煙のにぎわいを願った仁徳天皇に代表され、明治天皇の御名は睦仁、大正天皇は嘉仁、昭和天皇は裕仁、今生天皇は明仁、皇太子は徳仁であらせられることでも明らかです。

なぜ日本文明が二十一世紀をリードするのか
日本の植民地化を防いだ根源の精神とは

次に、日本人の精神の奥底にある大和心（和魂・にぎたま）、この恵まれた平和安定の風土の中から自然に生まれたもので、縄文時代の太古から神ながらの日本人の心として、涵養されてきたものです。この心は対立抗争を嫌う和の心であり、自国のことを「大和」の国と主張してきたのも、和を最も大切な国家社会形成の基本と考えたからです。

大和心は、平和的で変化を好まない、日常性でありたいと願う女性の心でもあります。日本の親神様として、女性神である天照大御神を拝むのも、大和心の自然の発露です。

この女性的な大和の国の平和が、外力によって乱される場合には、男性は決然と立ってこれを守ろうとします。その心を「大和魂」といいます。これを和魂《にぎたま》に対して「荒魂《あらたま》」ともいいます。古代の東国の防人や、幕末の国難時の吉田松陰、坂本龍馬などの志士や、今次大戦の神風特攻隊の勇士に、大和魂は生き続けてきたのです。

国学者・本居宣長は、大和心とは何かと問われて、

〝敷島の大和心を人問はば　朝日に匂ふ山桜花〟

と即座に答えました。平和で静かで、みやびやかな純粋の民族性を見事に詠いあげたのです。

下って幕末の救国愛国の志士・吉田松陰は、安政の大獄で三十歳で国に殉じた時、

〝身はたとひ　武蔵野野辺に朽ちぬとも　留め置かまし大和魂〟

の辞世を遺しました。この二首が、大和心（和魂）と大和魂（荒魂）を代表してい

ます。

国際的知識人の新渡戸《にとべ》稲造《いなぞう》は、西欧文明の根にキリスト教精神があるように、日本精神の基底に武士道があると、『武士道』という本を英語で出版して内外に示しました。武士道が説く義、勇、仁、礼、誠、名誉、忠義、克己の徳目は、単に武士階級に止まらず、広く日本国民の普遍的規範となっているからです。

武士道の「武」という字は戈《ほこ》を止めるという構成から分かるように、戦わずして平和を維持する道のことです。戦うための武術の道と言うより、武士階級が守るべき、倫理道徳の精神面が強調されているところに特色があります。

武士は、日ごろから主君、天下国家の公に身を捧げる忠君愛国の滅私奉公を養いました。佐賀藩の武士の道徳を説いた『葉隠』では「武士道とは死ぬことと見付けたり」と割り切っています。武士とは死を覚悟して行動するもの、これが葉隠の心です。この精神は、神風特攻隊や人間魚雷に結実し、生命より大切な祖国を守りました。

一旦緩急の際は、義勇公に奉ずる武士道精神が、幕末から明治の幾多の国難を乗り越える原動力となりました。乃木将軍の〝昨日の敵は今日の友〟の水師営の会見のように、敵将をも称える精神は、美談として世界が注目しました。

戦前の教育を受けた日本人は、すべて武士道精神、サムライの魂を身につけていました。戦後、ＧＨＱによってその魂を抜かれたのは、残念というしかありません。志を持つ国民がいなくなってしまいました。志とは文字どおり、「武士の心」のことだったのです。

以上、日本は神武天皇が建国された二千数百年前の当初において、すでに述べたごとく、日本固有の高度な神ながらの文明や精神が備わっていました。

この基礎の上に、歴史時代に入って古代中国文明を採り入れるときも、近代西洋文明の導入に際しても、和魂を守りつつ、よきは採るが悪しきは拒否する優れた選択の知恵を発揮したのです。中国から漢字、律令制、仏教、儒教は輸入しても易姓革命、科挙の制、宦官《かんがん》、纏足《てんそく》、弁髪《べんぱつ》、父系制社会、食人習慣などは断然拒否しました。

これが和魂漢才であり、日本を日本たらしめる神ながらの精神は、絶対守りとおしたのです。和魂こそ万世一系の天皇を維持し、有色人種の中で日本のみが植民地にならず、自主独立国家の名誉を保つことができた根源だったのです。

始皇帝でも得られなかった不老長寿を獲得した日本

外国ではなく、日本にしかないものとして、神道、天皇、大和魂、日本語などを代表して述べてきました。まだたくさんあるはずですが、健康長寿、家族制度、治安世界一を挙げねばなりません。いずれも、神ながらの日本の伝統文化から発したものです。

戦後日本が世界に誇ってよいものは、経済や技術などの物質面だけでなく、長寿大国に躍り出たことです。日本に生まれたものは、王侯貴族でなくとも、普通の庶民がすべて八十歳の天寿を全うし、努力次第では、一〇〇歳を越えたきんさん・ぎんさんにあやかることも夢ではありません。こんな長寿国が、世界にあったでしょうか。

ここで、アインシュタインの「世界の盟主」という言葉を、言挙げします。

世界の盟主、日本。
世界の未来は進むだけ進み、その間、幾度となく戦いが繰り返される。最後に戦いに疲れる時がくる。その時、人類は真の平和を求めて世界の盟主をあげなければならない。この世界の盟主になるものは武力や金力ではなく、あらゆる国の歴史を抜き超え、最も古く、最も貴い家柄でなくてはならぬ。
世界の文化はアジアに始まりアジアに帰る。そしてアジアの高峰、日本に立ち戻らなければならない。我々は神に感謝する。我々に日本という貴い国を創っていたことを。

世界人類の総体、黄金民族の天命とは

まず、地球人類を五種類の五色人類と分けることができます。白人、黒人、赤人《あかひと》、青人《あおひと》、黄人《きびと》、この五種類の五色人類とよくいわれていますけれども、我々日本人はこの五色人類の中の黄色《こうしょく》人種にあたります。

しかし、この日本列島というものは、黄金に輝く世界人類の型たる国でありますので、黄色人種の中でも、**この日本の国土に住む人を、私は「黄金民族」と定義いたします。**世界の雛形が日本、日本の雛形が世界であるならば、この五色人類の統合民族の型としての日本人は、黄色人種にとどまらず、黄金民族であるということです。

では、この黄金民族たる日本人の天命とはいったいなんでしょうか。

これには、三つあります。

世界経済を安定させるということ。日本の円というお金を、世界の経済の基軸通貨として世界に潤滑に廻すことにより、世界を救済し、世界経済を安定させる。

それこそが、円活（滑）動の型としてのマネーであります。

二つ目は、恒久平和の実現。核の廃絶、戦争の廃絶。これは広島と長崎に原子爆弾を落とされた日本だからこそできることです。世界平和を訴え、それを実現させる天

命があります。

三つ目は、宗教と科学を統合し、宇宙と地球との融合に先駆けて、宇宙文化を造る担い手になるということです。

世界人類の総体、雛形として日本人は黄金民族として輝き、その天命をまっとうしなくてはなりません。

そして、黄金民族として輝く日本人は、今度は、五色人類すべてを黄金色に輝かせることを常に意識し、黄金人類を造っていくのです。

繰り返しますが、日本人はこの日本という黄金国土、龍体に住むゆえ、黄金民族であり、そして黄金民族には、今述べた三つの天命があるのです。

それを完成、実現させることによって、今度は黄金民族が地球人類を等しく、五色人類を黄金人類へと大変化、大進化させるという究極的な使命を果たすのです。これはとても大切です。世界人類を黄金人類と化すために、日本人はまず、黄金民族としての天命を成就しなければならないということなのです。

新生遺伝子とＤＮＡ、大和言葉と命の響き

新生遺伝子という言葉があるとすれば、これは神より繋げる意志そのものです。

この日本の国土に住んでいる日本人は一番神に近く、そして自然と共鳴した和の文化を持ち、万世一系の天皇を仰ぐ、他の民族とは生活環境も意識環境も違う、黄金人種です。

すべての言語の基になるのは、実は日本の大和言葉であるという説が存在します。それをうかがわせる古代文献もあります。

もし、すべての言語が、日本において発祥しているとすれば、乱れた日本の言葉をただすことによって、正しい生命波動、正しい命の響きを体現できるのではないかと私は考えています。

すなわち、遺伝子のコードを開き、我々が神のごとくこの地球上で生きるには、まず正しい大和言葉を発することです。悪い言葉を使わずに、正しい大和言葉で話すことにより、和の精神を尊び、そしてこの地球上の空間に、命の響きを伝えることも、日本人でなくてはできないことの一つです。

世界の盟主から地球の盟主へ　環境、食料、科学技術

アインシュタインが、日本のことを世界の盟主として定義しました。

しかし、これからは日本人は黄金民族として進化し、地球人類をすべて黄金人類へ変化させたあかつきには、「世界の盟主」から、「地球の盟主」にならなくてはいけません。

地球の盟主とはいったいなにか。すべての地球環境を変革させる、地球上の食料問題を解決する、科学技術を発達させ、宇宙に親しみ、公害のないフリーエネルギーを完全に地球上に普及する。これがすなわち、日本人が世界の盟主から地球の盟主へと変化する大きなステップです。

環境、食料、科学技術、そしてフリーエネルギーですね。これらについては世界のいろんな国で一生懸命やっていますけれども、まだまだ満足がいく結果が出ていません。

日本では世界に先駆けて、型として環境を変え、食料自給率を高め、本当に素晴らしい食料を食べることによって意識や身体が変わり（食は命といいます）、宗教と科学を統合した真の科学技術によって、石油から脱却して燃料電池を使い、宇宙と一体に

なっていかなければならないのです。

そしてこの科学技術と食料問題、環境問題が完全にクリアされた時、世界の盟主から地球の盟主へと生まれ変わることができるのです。(間違いなく!)

全宇宙統合システム　万世一系と地球創造の秘密とは

この地球の中で、また、宇宙全体を見渡しても、万世一系というシステムがあるのはこの日本という国だけなのです。

英国には王室がありますけれども、日本には皇室があります。

この皇室の歴史は天孫降臨の歴史であり、宇宙から地球に天下ってきた天孫降臨の民族が、神として地球に降り立ち、そして日本人の祖先として祀られました。そして万世一系のシステムとして、スメラミコト(天皇)の存在があります。

この万世一系の制度をとっているのは世界中でも日本しかなく、また宇宙でもこういったシステムで運営されているのは、日本という国しかないわけです。

すなわち、全宇宙の統合システム、弥栄、調和、争いのない状態の象徴が、万世一系の制度なのです。

そして、この万世一系のシステムが地球にあるということは、全宇宙を造った創造主が、全宇宙の雛形として、地球に理想社会を造りなさいといっているということを表しています。宇宙創造から始まり、地球人類というものが雛形としての地球に降ろされた、神として降りてきたのです。

そのシステムを伝承していくために、万世一系というものが存在しているのです。すなわち、宇宙創造期から神と呼ばれし人が使わされ、降り立ち、すべての宇宙人が統合され、自由意志をもって新しい進化を築くための使命を与えられた星が、この地球であるのです。

そして、この地球が大調和すれば、全宇宙も調和されるシステムになっているのです。「上の如く　下も然り」、そして、「下の如く　上も然り」であると。

地球創造の秘密とは、宇宙を造った創造主が全宇宙の生命体を送り込み、さらなる有限性と無限性を体現し、進化させるために造ったのが、この地球であるということ。

そして、地球の日本という国にあるこの万世一系、スメラギのシステムは、実は、宇宙の統合システムであるということ。

ですから、全宇宙の統合システムを抱えている、万世一系の国であるこの日本は、世界の雛形であるのみならず、全宇宙の雛形として、その天命を担っているのです。

ＩＴの真髄とは　世界政府と地球維新

今、世間で話題になっていますＩＴというものは、インターネット・テクノロジーといわれますが、私が提唱しています宇宙意識考学では、ＩＴとはイマジネーション・テクノロジーになります。

すなわち、人間の想念によりあらゆるものを造り、人間のイメージにより、あらゆる世界を変えていくということ。これが、イマジネーション・テクノロジーの真髄です。

我々地球の将来、環境、食料、科学問題、地球はこうありたい、こうあるべきだと、みなさん自身が思うことにより、世界が変わっていくということです。

そして、その意識の集合体を、私は世界政府と呼び、その型としてコンピューターのバーチャル世界やインターネットの連結システムが存在します。

インターネットを通じて、世界人類が同時に会話、意識の交流をはかるその空間は、実はすでに、世界空間の雛形であるのです。

その中で、環境、食料問題、科学技術、地球と宇宙の関係を、みなさんが自由意志をもって討論することにより、その意識の集合磁場が、実は地球維新となっていくのです。

すなわち今回は、どこかの国が主人公となって世の中を変えるということではありません。アメリカ主導、ヨーロッパ主導、中国主導という枠に留まることなく、また、日本という一つの国に限られることなく、、イマジネーション・テクノロジーの真髄を理解した人々が、コンピューターというその基盤を使って、意識を交流すれば、その型が世界政府の雛形となり、その集合意識が地球維新を起こすということなのです。

されど、地球維新のその型たる、基たる意識体に変革されるには、我々日本人が黄色人種から黄金民族となり、そして地球人類を黄金人類へと変革させることがまず必要になるのです。

そして、日本人はＩＴ革命、ＩＴの真髄を理解し、世界政府を樹立し、地球維新をすみやかに遂行しなくてはなりません。

日本人には、世界に先駆けて、世界の雛形として、地球人類、五色人類を黄金人類へと進化させる、黄金民族としての役割があるということを、十分に理解し、今後の活動に役立ててください。

（黄金人類の定義）

五色人類の総体として、日本国民は世界に先がけて宇宙開発と世界平和を実現せねばならぬ。

日本国民は地球人類の代表として、五色民族を黄金人類（ゴールデン・フォトノイド）に大変革させる天命がある。アインシュタインの「世界の盟主」の中で、日本人の役割もすでに述べられている。

「万世一系」の天皇制は全宇宙を統合せし、ミロクの御世の体現応身の究極のシステムである。

この国は世界の雛型として国があり、地球の総体としての役割がある。すなわち「◉日月地の神示」を成就する役割である。

（◉日月地神示とは）

地球人類は全宇宙創造主◉より大元生命を頂き太陽（日）と月の恵みによりて生命活動を維持している。その働きは大地の神気満ちたる地球にて生活活動が営まれ、大自然の法則と伴に生きている。

この大自然の法則をもって神と呼び、神道とは生命原理の「命の響き」を体現する道である。

我々人類が民族、宗教の壁を超えて等しく大宇宙創造主㋹と日月の恵み、この大地（地球）に感謝して生きる道こそ、

「㋹日月地神示である」

宇宙戦争
Endless The Begins
〔ソリトンの鍵〕
光悠◎白峰
KO YU SHIREMINE
禁断小説
地球維新の新人類へのメッセージ！
歴史は「上の如く 下も然り」
（宇宙戦争と地球の関係とは）
小説か？学説か？真実は？神のみぞ知る？
● 故ケネディ大統領から地球人類へのメッセージ！
明窓出版
協力

パート1　小説・宇宙戦争

（＊この章は、2005年8月に行われたINTUITIONのセミナーが基になっています。）

プロローグ（小説は事実より奇なり）

近代科学が発展し、現代はIT社会とまで言われているが、果たして人類は進化したのだろうか？　今だ石油に頼り、一部原子力によって産業を支えている。

地球人類に与えられた核の炎——この炎は諸刃の剣として超古代より現代に至るまで多くの歴史を塗り替えてきた。近代科学の発展の裏には、すべて宇宙存在のサポートがある。

されど時には自らを滅ぼす歴史に、地球人は自ら協力してきた。

「宇宙戦争は地球での物語」

古代紀

アフリカ中央部の大地を調査した地質学者は、ガラス化した砂の大地を発見した。ここではかつて、高温の熱融合による核戦争があったと指摘された。

新古代記
ゴビ砂漠の遺跡調査隊は、砂漠の中心に強力な放射線と北極以南に地軸の中心があったこと、かつてこの地で核戦争によるポールシフト（極移動）が起こったことを予測。

新生代
北極と南極の氷はなぜできたか？　大西洋に浮かぶ伝説の海域に、トライアングル磁場を発見。ここが、亜空間へのスターゲイトではないかと調査された。失われた大陸、アトランティスの伝説である。

現代紀
広島・長崎の核、そして現代において、米ソ冷戦が終了しても核の恐怖は消えない。この地球の歴史はすべて宇宙存在の介入によるものである。
地球人類は、月に旅立ち、太陽系の調査や衛星の打ち上げを開始した。太陽系までの生命体調査をしているが、いまだに正式に宇宙人、地球外知的生命体の存在は発表されていない。

しかし、古代紀から現代まで人類は、宇宙人にすでに侵略されている。すなわち、宇宙戦争のドラマは現代でもこの地球を舞台に行なわれている。

エイリアンが地球で行なう生体実験……それは、宇宙戦争の歴史のカルマの清算と修復である。

すなわち、終りなきドラマの始まり!「Endless《エンドレス》 The《ザ》 Begins《ビギンズ》!」

宇宙戦争はすでに起こっていた

本編のテーマ、宇宙戦争についてですが、まず映画の話から入らせていただきます。

皆さん「宇宙戦争」という映画を見ましたか?

パンフレットに、

「近代科学の発展には、すべて宇宙存在のサポートがある。されど人類は時には自らを滅ぼす歴史に、地球人自ら協力してきた。今ここに知られざる本当の地球史を明らかにする」

とありますが、これが今回の話のプロローグなのです。

それでタイトルを、「宇宙戦争」にしました。最初は、「宇宙戦争と地球の支配者」とか、「宇宙戦争と地球権力者の意図」とか、そういう長いタイトルだったのですが、残念ながら私は、地球の権力者でも支配者でもありませんから、そんな話はできません。だから、今回は白峰の小説版、「宇宙戦争」でお話をさせていただきます。

宇宙戦争という言葉を聞くと、遠い星や宇宙空間で戦争をしているなどと思われがちですが、実はこの地球で、宇宙戦争は今まで何度も行なわれてきています。

別に私は映画配給会社の社員でもないので、映画の宣伝をするわけじゃないのですが、ちょっと内容を紹介しますね。（トム・クルーズ主演映画）

宇宙人が地球を侵略してくるその前の段階として、宇宙人が地球の地下に埋めておいたロボットが動きだすのです。すなわち、地球侵略の第一歩として、宇宙人が来る前に、地底のロボットが動き出すのですね。

映画の中の面白いセリフに、

「彼らは地球に人間が住む以前から、地球に既に埋められていたのだ。それが出てきただけだ」

というのがありましたが、宇宙戦争のスタートは、宇宙から円盤が来るのではなく、宇宙人の作ったロボットが地底から出てくるところなのです。

「スターウォーズ」の世界では、ジュダイや連合軍が出てきますね。日本のアニメの世界でも、「ガンダム」をリバイバルでやっています。いろんな共通点を持つものを、日本のアニメでもハリウッドでも作っているということは、一体どういうことなのでしょうか。

「エリア・ナンバー52」とは

戦後60年がたち、とりあえず戦争はそれ以降、ないように思っていますけれど、みなさんに一つだけ言いたいことがあります。

まず、経済戦争は戦後60年間続いていて、日本はいまだにアメリカ合衆国から完全に独立していないということです。

アメリカには「エリア51」という宇宙に関わる秘密基地がありますが、「エリア・ナンバー52」という一般には公表していない施設もあります。

エリア51が分からない方は「インデペンデンス・デイ」という映画を見てくださ

い。アメリカの大統領さえも知らなかった、宇宙人を研究するＣＩＡ長官直属の秘密の施設がエリア５１です。

それとは別の「エリア・ナンバー５２」という施設、これがどこを表わしているかというと、実は日本のことなのです。

経済と金融で日本を支配するということについては、１９５０年ぐらい、トルーマンの時代から既に、日本をアメリカの属国として扱っていこうという意図があったのです。

日本にある在日米軍基地は、防衛施設まで入れると８０カ所もあるのですね。三沢の基地、座間、岩国とか、一般に知られているものも五つや六つはあるでしょう。さらに防衛基地とか、レーダー基地など、表に発表しないところを含めると、８０を超えてしまうのです。

日本が独立国と言われながら、いまだに経済、金融、軍事力において米軍の管理下にあるのは、既にそういう組織によって、独立できないように仕組まれているのですね。

私も一時は日本の首相達を批判しましたが、最近は逆に一生懸命やっているんだなと思っています。なぜなら、これ以上アメリカの言うことを聞かなくなれば、日本は

大変なことになるからです。

中国やロシアは、今、共同軍事演習をしています。台湾の問題、その次は日本、色々な戦争の可能性がありますが、実はこれらの戦争も宇宙戦争の雛形として地球で起こりえるのですね（日本も米軍と協同軍事演習をしている）。

超古代から核戦争があった？

地球の、上古代紀、古代紀、紀元前、紀元後で、地質学者が、もしかしたら核戦争の跡ではないかとした場所が五ヶ所ほどあります。

一ヶ所は中央アフリカ、一ヶ所はゴビ砂漠など、とりあえず五ヶ所あります。

ある国の遺跡調査隊がアフリカの遺跡の調査に行ったのですが、ジャングルに入ったら磁石が使えなくなりました。１９８０年代でしたから、衛星電話もありませんでした。

そのジャングルで、ある場所にさしかかると磁石が狂うので、あたりを見回すと、そこの領域だけ草木が普通の五分の一ぐらいしか成長していませんでした。そこを掘り起こしてみると、ガラス状の固い岩が埋まっている状態だったのです。

そのガラス状の岩を研究所に持ち帰って分析してみると、花崗岩が6千度以上の高熱で溶けた形跡があるというのです。地殻変動の跡だとしても、マグマは2千度、3千度ですからね。

分かり易く言いますと、6千度以上の高熱をだす核融合と同じような状態が、昔この場所にあったのではないかということです。

そして、半径15キロぐらいの領域だけ、3メートル以上の草木が生えていないいのですね。航空写真を撮ってみても分かったそうです。普通は15メートルぐらいの樹木になるはずなのに。

そこを放射性同位元素で地質調査をすると、その花崗岩が溶けたのは、何万年も前だったのです。

そうすると、こういう推測が成り立つのです。何万年も前に、6千度以上もの高熱が出るような状態を人工的に起こしたということ。

もしかすると、**超古代に核戦争があったのではないかということです。**

これをフランスのある研究者が論文で発表しました。それが一時話題になって、世界中の遺跡調査をしている人たちが、同じような鉱石がないかと、調べ廻ったのです。

そうしたら同じような所がゴビ砂漠にもありました。砂漠に井戸を作ろうとして2

0メートルぐらい掘ったら石に当たったのです。砂漠に石があること自体、珍しいのですが、掘り出してみたら、高熱で溶けた石の塊でした。アフリカのものと同じように、一瞬の高熱でできたものではないかということでした。

地質調査をすると、やはり紀元前より遙かに古いのです。何万年も前、恐竜が生きていた時代に、人口的に熱を発生させて形跡が見受けられました。

つまり、超古代に核戦争、もしくはそれに類似する、原子を変換させるような武器を使ったのではないかということです。

それと、地球にはもう一つ、バミューダトライアングルがあります。そこに行くと磁気が狂うのですが、そこには、伝説の大陸、失われたアトランティスがあったと言われていますね。

その海域の海底調査でも、同じようなものが発見されました。何千度という高熱で焼かれた跡が残っているのです。

日本でも、ある場所の海底調査をしたら、エメラルド質の鉱石が発見されました。普通の石でも、高熱で溶けるとエメラルドのような鉱石に変わることがあるのです。これはまだ発表されていませんが、与那国の先とのことです。

それも狭い範囲ではなく、何キロにも渡ってあるそうです。ただし、そこは日本の領海ではないので、日本人はなかなか手を出せないでいます。公海上の海底調査は、日本政府はタッチできませんからね。今は別の機関が調査中なのですが、たぶん2〜3年たったら発表されるかもしれません。

このように、科学者が地質調査をしたことにより、既に何カ所にもわたって古代に核を使ったのではないかという、信憑性の高い仮説が立てられています。

それが事実であれば、いったい誰がそんなことを、この地球上でやったのかということになりますよね。

恐竜はなぜ絶滅したのか

恐竜は地球上にたくさんいたのに、ある時期に急に絶滅しました。環境学では、地球の大気が変わった、氷河期が来た、巨大隕石が衝突した、などといろんな説がありますが、急にいなくなったということは、この説のどれもが当たっていないということなのです。

生物学では、種族が急に消えるというのはありえないそうです。例えば、時間が経って淘汰されていったものだったら、骨など、生物学的に論証できるものが残っているのです。種が消えていくという、プロセスが分かるのですね。

忽然として消えて痕跡がない、というのは、生物学的にはおかしいのです。

恐竜だけじゃなく、アトランティスという大陸が伝説としてありますね。実際に存在したとすれば、これもなぜ、忽然として消えたのか。かつてアトランティス大陸であったと思われる場所が海底にありますが、そこの磁場はいまだにおかしいのです。**ある研究所で測定したところ、地球には六ヶ所、異常な磁気を発している場所があります。**一ヶ所はアトランティスがあったというバミューダ海域です。後の五ヶ所は軍事的な機密になっているので言えませんが、とにかく六ヶ所は、バミューダと同じような異常な磁力が発生する場所があるということです。

それとは別に、歴史学者や考古学者が、もしかしたら核戦争の跡か、そうでなければ、物凄い高熱を処理したのではないかと思われる場所が、地上に五ヶ所あります。

みなさんは「タタラ」を知っていますか？　刀や武器を作るための鉄鋼ですね。出雲などに古代の精錬所があったのですが、使っている熱源は2千度前後です。

現代の鉄鋼所ではありませんから、5千度とか6千度などという超高温は、タタラの技術でも使っていませんでした。簡単に言いますと、縄文時代とは違うものすごい強い火力を、超古代に使っていたということですね。

それではいったい何なのか。結論から言うと、**これは地球で行なわれた宇宙戦争の跡なのです。**

プレアデス系、オリオン系――星と星の争い

この宇宙戦争は、どこの星から始まって、どのようだったのかという話をします。

人類の起源については諸説あるとは思いますが、科学的なデータでは、東洋人、特に日本人の起源は、ベガ、プレアデス、スバルという星にあると言われています。

それにもう一つ、オリオンが人類の発祥に関わった場所じゃないかと言われていますす。ですから、ベガ、リラ、それに琴座ですね。それからスバルのプレアデス系とです。その後にシリウスと言われています。

そうした、起源の星が違うもの同士が争った形跡があるのです。例えば太陽系には、「アストロイド・ベルト」という、壊れた星が星屑となり、ベルト状になっている場所があるのです。

これは昔、宇宙空間で戦争があって、核に類似するようなプラズマ兵器を使い、星を粉砕した際にできたのではないかという説があります。

もし、それが事実だとすれば、どこの星とどこの星が戦ったのでしょうか。

その一つは、簡単に言うとプレアデス系ということなのですね。なぜ、系と言うかというと、プレアデスだけじゃないからです。スバルの星に近いグループという意味で、プレアデス系という言葉が使われています。

それともう一つは、オリオンに近いオリオン系です。

この二つは、どこが違うのかと言うと、まずプレアデスは精神性、スピリットというものをものすごく大切にする星です。逆にオリオンという星は、物質に働きかけて、あらゆるものを創造する、科学に長けた星であったと言われています。このことが、超古代から地球に大きな影響を与えてきたのです。

そのオリオンの宇宙存在が地球に入植したのと同時期に、他のまるで起源の違う人たちも、地球に入って来たのです。それが、地球上でいろんな文化や歴史を創ってきました。でも合う、合わないがあって、戦争を繰り返してきたのではないかと思われるのです。

アトランティスvsレムリア

例えば、アトランティスという大陸があり、それからレムリアという大陸がありました。その前にはパンゲア大陸があり、世界にはいろんな文化があったわけですね。実はその、アトランティスとレムリアの時代に戦争をした形跡が太平洋にあるのです。

みなさんイースター島の「モアイ」を知っていますよね?

あれだけの巨石を肉体労働で運ぶのは、ピラミッドと同じく難しいのです。当時は、石炭も原子力も電気も使っていなかった。それなのに、あれだけの石を運んで刻むということは、たいへんに不可思議なことだそうです。反重力とか、原子変換の技術がなければまずできないという識者の意見もあります。

モアイ像というのは、極性を調べると普通の石と同じなのですが、ある磁力線を当てると全部、同じ方向を向くそうです。(本当かな?)

もともとモアイ像は、すべて同じ東の方向を向いているのです。なぜ、東に向いているのか。これには、太陽信仰を持っていた島民が、太陽が昇る方に向けたという説もありますが、他にも、外敵に備えて巨人を作ったという説、つまり、敵を威嚇するためにモアイ像を作ったという説もあります。

また、あの付近の島に暮らしていたレムリア人たちが、外敵から身を守るために作った武器で、その外敵がいた方向に向けていたとも言われています。

レムリア人たちにとってどこが敵だったか。それはどうやら、アトランティスの人たちだったようです。その基を辿るとオリオンとプレアデスの星々が関係あるのではないかと思われます。

源氏と平家——両極を動かす相似象とは

日本でも、これと相似象のことがけっこうあるのですよ。

その最たるものが源氏と平家の戦いですが、源氏はオリオンの系列で、平家はプレアデスの系列なのです。源氏と平家の発祥は違いますが、平家は西国が多いですね。源氏は東国が多いでしょう。

広島の安芸の宮島には海底遺跡があったそうです。あの辺は超古代にプレアデス星人の宇宙基地があったと言われています。それからしても、平家はプレアデス系列の遺伝子、血脈じゃないかと言われています。

富士山の北、坂東の源氏の流れにはいろいろな説がありますが、源氏では「南無八幡大菩薩」を祀っていますね。八幡様というのは九州の宇佐神宮が本家です。宇佐八幡とか、鶴岡八幡などの、八幡という名が付いている神社の総社が、石清水《いわしみず》八幡なのです。

ここを調べてみますと、どうやら渡来系なのです。鉄器の武器を作るのに長けていた渡来人たちの文化が見受けられるのです。物を作る煉金のテクノロジーや、星の起源を遡ると、源氏はオリオンと関係があるらしいのですね。

そして、源氏の旗は白で、平家は赤。日本の国旗が白と赤でしょう。だから、日本民族の星の起源を遡ると、オリオン系とプレアデス系ということになります。

この二大勢力は、地球の古代の歴史上ではアトランティスとレムリアで、日本では源氏と平家です。神の世界でいえばイザナギ、イザナミになるかもしれません。

すなわち、物を大事にする方、精神を大事にする方という、両極のものが歴史を動かしてきたのです。それがうまく行っている間はいいですが、うまく行かなくなると自民党の分裂選挙のように、仲間同士でも争ったりします。同様に、同じ国の中でも、思想の違いなどのため、戦いが起こってきたのです。

このことの信憑性について、私自身でも調べてみました。元号が平成に変わる少し前ぐらいです。平成の前は昭和ですが、その昭和は源氏のエネルギーがものすごく強かったのですね。しかし、平成の御代になってから波動を測定すると、源氏のエネルギーが消えていました。

今は平成でしょう。だから平家の精神性を重んじる働きが出てきています。同時に、この平成の御代の「**内平らにして外成る**」というのは、精神性だけを重んじるのではなく、物質世界から発せられる物質エネルギーを精神性に融合し、調和して、次の世代に移すという言霊の働きがあるのです。

国旗で分かる星の起源

それぞれの国の、宇宙の起源の違いがどこに表れているかと言うと、国旗なのです。例えば、日本の旗は白と赤ですから、オリオン系とプレアデス系の融合と言えるでしょう。

日の丸に近い旗なのが、パラオとバングラディシュで、太陽が描かれているのが台湾です。それに、韓国、グリーンランドなどが丸系列です。

今度はアメリカに類する星の旗の国ですが、中国。北朝鮮などがあります。それに、トルコのように月を描いている国旗もありますが、月はイスラム教のシンボルなのですね。

そして、西欧には星が多く、東洋は太陽が多いのです。

今の地球では、月と星が戦っているのです。太陽を国旗にしている国は、戦争にはあまり参加しません。

世界中の国を簡単に分けると、次の三つが基調となります。日本のように太陽を象徴にした国、アメリカのように星を象徴した国、イスラム諸国のように月を象徴にした国です。

星を国旗にしている国は、世界中で争いが多い国です。パキスタンも月があるけど星もあるでしょう。彼らは核兵器を持っていますね。

形態学でいうと、相似象のものは衝突するのです。同じもの同士は反発しあいます。世界中で戦争を起こしているのはアメリカですが、星がいっぱいあるので戦争が大好きなのです。北朝鮮も星が入っているでしょう。中国も入っています。つまり、星の国どうしが戦争をしているということです。

なぜ、彼らが星を国旗にしているかと言うと、宇宙を起源にしているからなんですね。自分の起源の星を象徴として、国旗にしているのです。

昔、日本の国旗が外国に売られそうになったということを知っていますか？　もしかすると日の丸が、ヨーロッパのどこかの国の国旗になっていたかもしれないのですよ。まあ、その辺は神様がうまくやってくれているようですが。

月と星の戦いは、イスラムとキリスト教国の戦いということだけではなく、形象学的には、月を国旗に掲げている国と、星を国旗に掲げている国が一生懸命戦争をしている、これが宇宙で行なわれている宇宙戦争の雛形ということになるのですね。

戦いの星マース（火星）

私が言いたいのは、宇宙戦争というのはスターウォーズのように、遠い宇宙の果てで、ジュダイと連合軍が戦っているようなストーリーではないということです。**宇宙で行なわれている戦争は、この地球でも等しく同じく、同時性をもって現象化されているということなのです。**宇宙戦争というのは、この地球上でも起こってきたのです。

地球以外の星で、宇宙戦争を一番してきたところはどこかと言いますと、火星なのですね。火星のことをマースと言います。なぜ、占星術ではマースが戦いの星とされているかですが、太陽系で宇宙戦争が一番行われてきたのが火星の空域だからです。超古代や、錬金術、秘密結社の世界では、そうした文献が残っています。詳しいことは言えませんが、戦争の傷跡が火星にあったのですよ。

昔、火星は地球と類似した星だったそうです。近年、火星が6万年ぶりに地球に近づきましたが、海があるとか無いとか言われていますね。

アーノルド・シュワルツネガー主演の「トータル・リコール」という映画では、火星に空気がありましたね。火星に関してはいろいろな話がありますが、火星に大気が無くなったのは、核兵器を使ったからではないかとも言われています。

火星は水を貯えた、酸素も豊富にある地球と同じような星だったのですが、戦争の為に現在のような真赤な星になってしまったということです。その火星と地球の間にはスターダストがたくさんあるのですが、それは宇宙戦争の残骸ではないかとされています。

太陽の国旗を掲げる日本の役割

宇宙には、何千億もの星があると言われていますが、地球と類似した星は、宇宙空間には他にはありません。ヒューマノイド（人間型）の体を持って、酸素を吸って二酸化炭素を出し、生命を維持、老化していくシステムを、あたかもコンピューターに入力されたように設定されているのは、全宇宙の進化の図書館としての地球です。

オリオンとプレアデスの話をしましたが、ゼーターレクチル、俗に言う「グレー星人」がいますね。ゼーターレクチルが一番多いのは、東洋人です。どこの国に一番多いかといえば、中国なのですね。

中国にはだいたい、十三億人が住んでいますが、ゼーター系の影響を受けています。東南アジアの黄色人種で、共産圏の国ではグレーエネルギーが強いのです。

日本人の場合はプレアデス系が強かったのですが、後に大陸から他の星を背負った民族の人たちが入ってきました。その結果日本は、宇宙の起源が違う、民族の起源も違う、いろんな種族の人たちが融合された文化を持つようになったのです。

日本という国は、日の丸の国旗でなければ成り立ちません。もし、日本がアメリカのような星の国であったり、イラクのような月の国だったりしたら、戦争になってしまうでしょう。

エネルギーから言えば、太陽が一位、月が二位、星が三位です。一番が太陽ですが、これを大日如来で表現しています。次は月で、最後が星なのです。

だから宇宙の序列から言いますと、**太陽を国旗にしているのは日本だけですから、この国が世界の中心にならなければいけないのです。**

宇宙の変化と地球環境の関わり

そして、宇宙空間にある星は月から生まれたものなのです。だから月星とは言うけど、星月とは言わないでしょう。月の息吹がエネルギー体となり、銀河に伝播していって物質化し、輝くようになったのが星なのです。

古代の宇宙には、太陽と月しかありませんでした。だから、日月神示というのは宇宙の創造原理なのです。日月神示はあるけれど、日月星神示はないでしょう。星というのは一番最後にできたものだからですね。

2004年はガンマーバーストがあり、太陽の百五十万倍のガンマー線がでましたね。その影響でスマトラ地震が起きました。

それから1987年に、マゼラン星雲の超新星爆発があったのです。その後、ニュートリノが地球で観測されました。これらは宇宙空間の星の現象なのですが、それに連動して、地球でも必ず何かが起きるのです。この頃、地球では何があったか？　ブッシュの父ちゃんがイラクで湾岸戦争を起こした時期なのです。

つまり、宇宙で何か変化が起こるときは、地球の環境が変化します。それが地震や抗争や戦争ですが、ほぼ同時期に起きるのです。株の相場もそうなのですね。月や星の影響を受けています。

密教では宿曜星術と言って、七曜九星、二十八宿という星があります。これは星の「象」を見るのです。

私は預言者ではないので、あまり先のことは言いませんが、北朝鮮の問題は大丈夫です。なぜかと言うと、北朝鮮の裏にはアメリカと中国がいますが、お互いに綱引きをしていて、そのバランスが崩れない限りは大丈夫だからなのです。ただし、ロシアと中国が、北朝鮮を動かして何かをやろうと思った時はまずいかもしれません。

ただ、北朝鮮よりも台湾の方が、軍事的、資源的にも問題があります。台湾というのはものすごく小さい国ですが、スイス銀行の次に金《きん》を保有しているのですね。アジアで一番金塊を持っているのは台湾なのです。

アメリカのドルは全部、紙でしょう。金本位というのは東南アジアだけなのです。その表のセンターがシンガポールで、本家本元が台湾です。

住友金属鉱山という会社がありますが、台湾で地震があったときに株価が下がりました。なぜ、台湾で地震があって株価が下がったのか？　住友金属鉱山は金の鉱山を持っていますが、台湾に地震が来たときに、世界中の金の相場が一時、全部下がりました。

そして、アジアのシリコンバレーと言われているのは台湾なのですね。ＩＢＭという会社は、台湾が無ければ持ちません。それだけ重要なのです。

風水的には、日本という龍体が持っている、玉の一部にあたります。すごく大切な場所だから、アメリカは台湾を守るためもあり、日本に駐留しているのです。日本がお金を出しているので、日本も守っていますけれどね。

アメリカが、国家戦略や地政学など、いろんなことから検討すれば、絶対に台湾を中国には渡しません（沖縄とハワイ諸島も風水学では重要です）。

台湾と中国のどこが違うかといえば、台湾は「華僑」の国なのですね。ユダヤ人のように、自分の国を持たないで世界で経済活動をしている中国人を華僑と言います。十数億の中国人が全部、華僑ではないのです。

華僑の中でも位の高い人を「客家」と言いますが、この人たちはみな、台湾族です。華僑の表の都市はシンガポールで、中心が台湾なのです。シンガポールのリークアン・ユー首相にしても、客家の出身です。だから中国が台湾と戦争をすれば、下剋上になってしまいます。

自分たちの国を支えてきた華僑民族と戦うというのは、自らの自立ということでもありますが、豊臣秀吉が明の国を攻めたのと同じことになるのですね。

実は、秀吉は日本人ではありませんでした。大陸から渡ってきた忍者だったのです。信長に気に入られて政権を取ったのですが、自分の経歴を消したいということで、明に攻めこんだのです。これは秀吉の自立であり、下剋上でもあったわけです。

徳川幕府も明王朝が作ったものですよ。日光東照宮は、明らかに日本文化の造りじゃないでしょう。明の文化なのです（明智光秀はやはり天海かもね）。

日本の食料事情の行方

そして、食料の自給率は、アメリカが124パーセント、フランスが137パーセントありますが、中国は76パーセントしかないのです。でも中国はその中から、36パーセントも輸出しています。つまり、自分たちは食うものも食わないで外貨を稼いでいるのです。

その輸出している分の70パーセントは日本向けです。戦争になれば、この食料がストップします。

東京都は今、自給率は1パーセントですが、これもあやしいもので、0・3〜0・5パーセントになってしまうかもしれません。東京都の人口は1300万人ですが、食料自給率を0・3としたら何人の人が食べられなくなると思いますか？　これも、戦争拡大の要因になるということなのですね。

スマトラの地震は、広島の原爆の2万倍の規模でした。破壊力はマグニチュード9だったそうです。例えば、アメリカと中国が戦争をして、2万発の核原爆を使ったらどうなると思いますか？　それくらいすごいエネルギーだったのですね。

スマトラ地震の実際の犠牲者は、もっと多いのですよ。報道規制して犠牲者の数を世帯数で発表したのです。家族が八人いても、一人としてカウントしたのです。だから、本当の犠牲者の数は、発表された数の十倍ぐらいでした。八万人亡くなったといっても、事実は、八万世帯に影響があったということなのです。

もしこれが中国の北京で起きたらどうなるか。ニューヨークで起きたらどうなるか。イスラエルで起きたらどうなるか。イスラエルだったら、周りの国が攻めてくるでしょうね。

もし、東京だったらどうなるのか？　震度9で2万発分の核爆弾の破壊力ですよ。

東京の三分の一は灰になります。首都機能は完全にマヒします。そうなったら、どこかの国が攻めてこないとも限らないでしょう。これが現実なのです。

「隣《となり》の貧乏、鴨《かも》の味、雉《きじ》は鳴《な》いたら撃《う》たれたよ」じゃないけれど、スマトラだから関係ないと思っているかもしれませんが、これがもし日本に来ていたら、2万発の核の破壊力ですよ、恐ろしいでしょう。

今後、地球規模の天変地異、そして石油も再び一切輸入できなくなったら、30パーセントの自給率はもっと下がり、大変なことになる可能性があります。

パート2　ソリトンの鍵

（＊この章は、2002年11月に行われたINTUITIONのセミナーが基になっています。）

①『温故知新』（Onko-chishin）

If you want to know what's to come, look into the past.
History has a lot to teach us about the future.

②『君が代』（Kimi-ga-yo）

君が代は　千代に八千代に　さざれ石の　巌となりて
苔のむすまで

"Kimi-ga-yo" is a national anthem of Japan.
A thousand years of happy life be thine!
Live on, Our lord, till what are pebbles now,
By age united, to great rocks shall grow,
Whose venerable sides the moss doth line.

２２０億年前に創造された、人工衛星としての月、そして太陽系生命進化システムとは

３億６０００年の時を経て、はるか銀河の彼方から宇宙連合の大使として、２５０万年前、このゾル太陽系第３惑星地球（テラ）へ、オリオン系・シリウス星長老アルス・ゼーターがやって来た。彼らの目的はただひとつ。宇宙連合と銀河連盟の間で行われている、地球人類へのプレアデス星人によるＤＮＡ操作の体現化であるアトランティス文明の調査である。長年に亘る調査を終了し、オリオン星座シリウス系Ｂ３アクシス星へ帰ろうとしたアルス・ゼーターは、自らの星が空間磁場の変化により大爆発を起こし、アストロイドベルトとなったことを知る。一部宇宙船によって避難したアクシス星人は、その後ゼータ・レティクル星へ移住したが、さらなる進化と安住を求め、ゾル太陽系、この地球へと入植を始めた。

宇宙連合は再びアルス・ゼーターに地球調査を命じたが、彼は自らの種族を地球で同化させるためにプレアデス星人の遺伝子科学を応用したが失敗に終わった。これは後に“グレイ”と呼ばれることとなる。それでこの地球上でのすべての生命情報と生命波動を管理する大型母船『ソリトン』を月の裏に置き、すべての宇宙生命体が地球で生活できる環境を創造することをアトランティスの一部の賢者と共同で研究した。あるとき、生命磁場の安定を図るため、ソリトンと同型の水晶アクシスをアトランティスの科学者に預けたが操作を誤りアトランティス大陸は海の底に沈み『ソリトンの鍵』は地底

に生活するグレイの手に渡った。そしてグレイは『ソリトン』の技術を利用し、一部レプティリアンとともにシュメール文明を通じて人類のコントロールを始めた。

The moon was created 22 billion years ago as an artificial satellite. What is its relevance to the evolution system of sentient beings in the solar system?

Spanning a 360 million year period Arth Zeda, an elder of an Orion lineage of Siriuns, came from a far off galaxy as an ambassador of the galactic federation two and a half million years ago, to the 3rd planet in the Sol system, Tera. There was but a single objective. It was a survey of the Atlantean civilization, itself a manifestation of DNA engineering done by Pleiadeans for Earth humans and realized by both the Universal Alliance and the Galactic Federation.

After many years this survey was completed and Art Zelda prepared to return to a Sirius B3 planet in the Orion constellation called Axis. However he found out that his own planet had exploded due to a change in the magnetic field of space and thus became an asteroid belt. A portion of the Axis inhabitants were evacuated via star ships and were later moved to the Zeda Reticula star system.

However they desired further evolution in a safer environment and thus began the seeding on this Earth of the Sol solar system. Once again the Universal Alliance instructed Arth Zeda to do a survey on Earth, In order for his own species to assimilate there he applied Pleiadean genetic science but it ended in failure. That "failure" later became what is known as the "Greys".

Then an enormous mothership called Soliton was positioned on the dark side of the moon to control all life information and vibration on Earth. All of this researched with Atlantean sages and created so an environment suitable for any and all forms of life in the Universe could be on Earth.

At a certain time a mistake was made with a crystal axis, similar in type to Soliton that was given to Atlantean scientists in order to stabilize the living system's magnetic field. The Atlantean continent sank to the bottom of the sea as a result and the Soliton key fell into the hands of Greys together with some of the Reptilian race began control of the human population via the Sumerian civilization using the Soliton technology.

トリウムの持つ可能性

今、原子力発電所で、いろんな事故がありますね。これはある機関が関係して、工作しているという話があります。2004年にブッシュが再選されましたが、もう一度、あえて石油に戻そうという動きがあるのですね。

原子力のあり方は、もう一度、問い直すべきなのですが、私に言わせると、原子力はもっともっと進める必要があります。本当は、燃料に「トリウム」を使えば、安全に平和に利用ができるのです（中国の原子力発電は50基すべて「トリウム」にすべし）。

原発の主役である核燃料が、ウランではなく、トリウムである点が重要です。トリウムというのは、原子番号が90の重元素で、天然にはトリウム232として存在します。トリウム232自体は核分裂しませんが、中性子を吸収させることによって、分裂性のウラン233になります。

原材料になるトリウムはウランと違って、ほぼ世界中にあるのです。トリウムの埋蔵量は、ウランの四倍になります。インド、トルコ、ブラジルに多くあります。一番いいのは、核兵器の材料になるプルトニウムが発生しない点です。

トリウムの原発に変えれば、核兵器を作れなくなります。ですから、原子力の次はトリウム、その次は水素発電、その次は海洋温度差発電、そして発酵技術。最後に行き着くのは、真空磁場から物質化現象を使う宇宙科学理論です。石油をあまり採りすぎると、地球が冷えてしまいます。フォトンエネルギーは増えていますが、地球は氷河期に向かっているのですよ。

最後に、「宇宙人の存在を告げるＪ・Ｆ・Ｋの秘密草稿」をご紹介します。

「わがアメリカ国民、そして世界中のみなさん、今日、われわれは新しい時代への旅に出発します。人類の幼年期であるひとつの時代が終わりに向かい、新たな時代が始まろうとしています。

私がお話する旅とは、計り知れない試練にあふれていますが。われわれの過去のあらゆる努力は、成功するために、われわれの世代を比類なくサポートしてきたものと私は信じます。

この地球の市民であるわれわれは、孤独ではありません。無限の知恵を備えた神は、われわれ自身のように、ほかにも知的生命体を宇宙に住まわせてきました。

そのような権威に対して、私はどのように述べることができるでしょうか？

1947年、わが軍は、乾燥したニューメキシコの砂漠で、起源不明の宇宙船の残骸を回収しました。まもなく、われわれの科学により、この乗物ははるか遠くの宇宙空間からやってきたことがわかりました。その時以来、わが政府はその飛行船の製造者たちとコンタクトをとってきました。

このニュースはファンタスティックで、かつ、恐ろしく思われるかもしれませんが、みなさんは過度に恐れたり悲観してとらえることのないようにお願いいたします。私は大統領として、そのような存在がわれわれに対して無害であることをみなさんに保障します。

むしろ、全人類の共通の敵である、圧制、貧困、病気、戦争を克服できるよう、彼らはわが国家を助けることを約束しております。

彼らは敵ではなく、友人であるとわれわれは判断しました。

彼らとともに。われわれはよりよき世界を創造することができます。未来に障害や誤りが生じないかどうかはわかりません。

われわれはこの偉大なる土地で暮らす人々の真の運命を見つけたものと信じます。世界を輝かしい未来に導くことです。

なぜ彼らがここにやってきて、なぜ長期間にわたってわれわれのリーダーたちが彼らの存在を秘密にしてきたのか、近く、みなさんはそれについて知らされることになるでしょう。

私はみなさんに臆病にならず、勇気をもって未来を見つめていくようお願いいたします。なぜなら、地球に存在した古代の平和のビジョンと全人類の繁栄を、このわれわれの時代に、われわれは達成できるからです。

あなた方に、神のご加護のあらんことを――。

（学研「ムー」2005年7月号より　ケイ・ミズモリ氏翻訳による）

地球維新
ガイアの夜明け前
LOHAS vs STARGATE
仮面の告白
白峰
NAKAIMA
明窓出版

パート1　ロハスVSスターゲイト

（＊この章は、2007年1月に行われたINTUITIONのセミナーが基になっています。）

ロハス・スターゲイト

まず、ロハスの意味ですが、一般的には健康で持続可能なライフスタイル、これを略してロハスと呼ばれています。地球環境の育成というテーマが含まれていますね。

しかし、今回お話するロハスは、これとは内容が異なります。

まず、精神世界で言う環境育成、地球問題のLOHASを超えて、宇宙的な視野に立ったLOHASのお話をいたします。

この内容を、今お話できるのは日本で私だけです。たぶん、地球上でも私だけです。

アメリカから発祥したLOHASは、一つのムーブメントとしての意識付けのためのものですが、三次元的に言われているLOHASについては、実は古代の縄文意識の復活を意味しているのですね。

簡単にいいますと、今行われているLOHAS活動というのは、古代の縄文意識の復活なのです。**日本もやっと、総理大臣が環境立国としての日本のあり方というものを新**

聞で発表してくれました。

このきっかけは、**以前アメリカのゴア前副大統領が日本に来たときに、「この調子でいくと、地球は環境破壊どころか、本当に生命体が滅亡する」**とおっしゃったことです。科学者の予想ではそれが50年後などと言っていますが、このスピードで加速しますと、早ければ15年くらいで人間の生態も変わってくるそうです。

京都議定書でなしえなかったアメリカの批准、それからCO_2の問題などがイラク戦争で棚上げになっている。また、中国経済ですね。それらはもう一度、見直していかなければいけない問題です。

ゴアさんは、一国の元アメリカ副大統領というかたちではなく、一個人としてこれからのライフワークの中で活動していきたい、ついては日本もぜひ協力して欲しいという意志を伝えられました。その影響もあり、日本もこれからは環境立国として生きていかなければいけないという方向になったのですね。

ですから、これからは企業も、個人の生活形態も、自然にやさしい方法をますます意識していかなくてはならないのですが、その環境問題の行き着くところについてのすべてのキーワードが、実はLOHASの中に暗号として入っているというのが、今回のお話です（ゴア前副大統領はノーベル平和賞を受賞しました）。

遺伝子コードのL

まず、一番目のＬＯＨＡＳの頭文字の「Ｌ」はLightです。Lightというのは、「明るい」という意味もありますが、言い方を変えると「明るく」「光明」など、さまざまあります。

しかし、皆さんはこれを覚えておいてください、遺伝子のコードで、アルファベットの「Ｌ」で表わされるのは、四つの有機塩基ということであり、ヤハヴェなどの形象文字で表わすこともできます。

でも今回はそれとは違い、**「Ｌ」という字**は「光・光輝」、イコール、数霊で言いますと人間です。つまり、**人間の遺伝子コードを表わすのです。**

実は今、自然界で遺伝子の暗号や遺伝子問題、それから遺伝子の突然変異が起きていますす。皆さんの肉体は、俗にヒューマノイドと言われていますが、このボディを持って生きている上で、絶対に欠かせない条件というものが三つだけあるのです。

まず、地球の重力というものがなければ、この肉体は維持できません。

二つ目は、リサイクルではないですが、生態系的には必ず寿命というものがあります。これがなければ、再生できないのです。細胞に寿命がきても再生する、この点で言えば、ずっと生き続けるということも不可能ではないのですね。

しかし、ある程度の時間が来たら、コンピューターではないですが、旧い種は消滅して、新しい種が再生するようなシステムというものが無いと、種の生命進化というものが望めないのです。

それと三つ目。ヒューマノイドというものは、子孫をつくるために陰と陽に分かれてエネルギーの結びをするわけですが、子供をつくるということは、生態系にとっては絶対に必要なことですよね。逆に、子供を産まない、作れないなどの少子化の問題というのは、将来的には人間の存亡にかかわることなのです。

魂は永遠だと言われていてもね、この肉体がある限りは生命を進化させなければいけない。例えば、自分の代は一人でいいわ、となってしまうと、跡継ぎがいない、お墓を守る人がいない。

そんなレベルにとどまらず、もっと少子化が進みますと、今度は子供そのものを産めない状態、産まない状態がますます深刻になり、最後は種そのものが成長しない状態になってしまうのです。

この状態が１００年続くとどうなるかと言いますと、男性の性器は必要なくなってしまうわけです。女性の方も、子宮がいらなくなってしまうのです。

そうなると、生殖機能が働かなくなるだけでなく、最後はグレイ星人のように、だんだんと変色してしまうのですね。

　つまり、私が言いたいこととは、まず人間であるための絶対条件があるのですよということです。

　例えば、宇宙人というものが地球にいて、皆さんも将来宇宙に行くようになったとしても、その無重力の空間の中で3年以上健全な肉体を維持することは、現在の地球上の科学では、宇宙ステーションであっても無理なのです。宇宙の中で、重力場を作らなければならない。それが無いと、人間は立てません。

　重力場だけではないのです。例えば、真空状態の中には地球の大気に無い、一つの特殊な光の合成素子があります。

　これはまだ発表されていないのですが、例えば地球が太陽から頂く、生命素子の光線量が、簡単に分けますとおよそ８７０あるそうです。

　ところが面白いことに、真空状態の宇宙空間に行きますと、光線量は増えるのではなく、逆に減るのです。太陽に近いほうが、そして真空状態のほうが、宇宙エネルギーがあるんじゃないかと思われるでしょうが、これは勘違いなのですね。

　実は、宇宙から出されているエネルギーは、２４０形態しかないのです。

　地球にいたほうが、８７０形態のエネルギーを補給できます。地球の肉体を維持するのに絶対的に必要なエネルギーが、完全に整っているのです。

もっとわかりやすく言いますと、宇宙に行った場合、この肉体は維持できません。宇宙空間のエネルギーの密度と、素粒子の原子形態によって、皆さんの形態も全部変わるのですね（円盤は光子電源機で人体を維持しています）。

でもその変わる条件、設定を、コンピューターの如く決めているのはいったい何かといったら、それは遺伝子なのです。

「光の法則」とは

では、遺伝子というのは何を読み取るのでしょう。実は、光の暗号を読み取り、皆さんの体を維持できるように制御して、合成しているものなのだと覚えてください。

すなわち、遺伝子には螺旋の模様があり、それは主に四つの物質でできていますが、それが何によって繋がり、何の法則で動いているかというと、「光の法則」によるということなのです。

ですから、将来的に遺伝子の研究が行きづまった時、研究そのものにつまづいた時には、光の合成の研究をいっしょにしていくと、遺伝子のコード、秘密が解けるということになります。

例えば、光は色の元素と共鳴を起したりしますからね。これは一つのヒントとして教えておきます。こんなことを踏まえて研究しなおすと、面白い結果が期待できると思います。

宇宙でも、この地球でも、我々人間を人間たらしめている一つの要素は、遺伝子のコードなのです。例えば、人間が虫になりたいといってみてもダメなんですね。たとえ、イギリスやアフリカに行ったところでダメなものはダメです。

しかし、自分の中でその遺伝子のコード、光の暗号というものを解いて、人間以外の動物になりたい、もしくは植物になりたいと思った時には、時間が経てばそのような状態になってきます（**ダーウィンの進化論ではなく白峰進化論です**）。

今我々は、体を物質だと思っていますが、皆さんは原子の集まりでもあるということなのですね。その原子がものすごいスピードでスピンをしていますから、逆に止まっているように見える。

そして、だんだんと時間が早くなって次元が高くなってきますと、皆さんは体の重さを感じなくなってくるのです。体重が何キロ増えたとか、心配しなくてもよくなってきます（笑）。

遺伝子コードにより、人間に変化がもたらされる

すなわち、自分のエネルギー体が上昇することで、重さを感じなくなってくるのですね。重さを感じないということは、内蔵機能もそれに伴って変化するのですが、一番変化するのは、この遺伝子のコードなのです。遺伝子のコードが書き換わることによって、皆さんに大きな変化が起こります。

一つ目。**皆さんは炭素系生命体といわれています。すなわち炭です。燃えれば炭になる、これを炭素系生命体と言います。**

しかし、宇宙時代になると、これがケイ素系の体に変換してくるのです。ケイ素系の体になるということはどういうことか。まず、ケイ素とは水晶などです。クリスタルは、光を合成する働きがあるということですね。

人間個人において、光の粒子を取り入れる分量というのは、とりあえず決まっているのです。ところが、遺伝子の突然変異であったり、遺伝子コードが紐解かれますと、その容積、エネルギーの入る量がだんだん膨らんできます。

具体的に例を挙げると、**食事を摂らなくても体が維持できる。疲れにくくなる。**寝なくても体がもつようになる。

これらが、第一の段階です。

第二段階になりますと、今度は自分の中にもう一人の自分がいることがわかるのです。意識しなくとも、誰もが心臓が二十四時間止まらずに動いているということは分かりますね。それと同じように、皆さんの魂というものも、ハートの真ん中に存在しているのです。そして死期が近づいてきたり、ヨガの修行や瞑想などをしますと、もう一人の自分というものが出てきます。

つまり、遺伝子の状態が解けてきますと、もう一人の自分に気づきだすことになるのですね。例えば、なにかを考えている時、頭じゃなくて胸の中から声が聞こえてきたり、体の中から響くものがあったりという状態になります。そういった経験をすでにされている方も、たくさんいらっしゃいますね。

第三段階は、幽体離脱です。体外離脱という言い方もあるようです。

これは、一回できるようになると、何回もするようになります。その回数があまりにも多くなったら、その先はどうなるかわかりますか？　戻ってこれなくなりますよ（笑）。命がけのゲームですから、気をつけてください。

第四段階では、太陽や月を見ると、まるっきり違ったものに見えるようになってきます。

太陽は、普段の光線の色はグリーンですけれども、よくよく見ますと、七色の光線を出しているのです。そして、太陽の中に十字架のマークが見えます。太陽が七色に見える人は、太陽の中心から十字架、すなわち十字のマークが見えてくるのです。

そのような状態になれば、プラーナだとかオーラ、自然界のエネルギーが全部見えるようになってきますね。

エネルギーが極まる第五段階の世界

最後の第五段階になりますと、食事しなくてもいい、寝なくてもいい、そして、性的機能が止まるのです。男性は、精子が出なくなります。女性の方は、お月さんがいなくなりますね。そうなりますと、エネルギー的にも女性が男性化してくるのです。女性でありながら男性ですから、両性を具有するかたちになる。

そういった状態になりますと、エーテル波がものすごく発達してくる。すると、人間、すなわち自分とエネルギー体が、完全に一体であるということに気づきます。

この第五段階の人間は、もう一人のエネルギー体が自分の外に明確に存在するということです。

これは、仙人の房中術というのといっしょですね。精を漏らさないで体に回すことによって、精を昇華するということになります。ヨガにもありますね。

そういった修行を何年間、何十年間という長きにわたってしなくても、ある一定の時期になると遺伝子コードが解かれ、体から光を発するようになるのです。そうすると、見える人にはみんなが輝いているように見えてしまうというわけです。オーラだけでなく、肉体も輝いてくるのですね。

これが、遺伝子の一番目のコード Light、すなわち光輝ということなのです。

ここまでの五段階について、これに近い経験をされたことのある方もいらっしゃると思います。例えば、食事の回数が減ってきたりだとか、収入が減ってきたりだとか（笑）。食事が減れば、エンゲル係数も減りますしね。

自分の中にもう一人の自分がいる……、お酒を飲んでいるからではありませんよ（私はアルコール星人ですが〈笑〉）。

別の例をご紹介しましょう。自殺を考えたことがある、もしくはそのくらい深刻に悩んだことがある……、という場合、そのようなことを考えた時点でエネルギーが体から抜けてしまいます。

他にも、生前戒名という言葉がありますが、まだ生きているのに墓石に刻む戒名をもらっている、この場合は、墓石にその名前を刻んだとたんに、エーテル体のエネルギーの半分がお墓に入ってしまうのですね。そうすると、体が思うように動かなくなります(このような人達を、ハカナイ人生と呼ぶのか？〈笑〉)。

こうした名前のエネルギーもそうですが、人間は不思議な動物なのですね。

幽体離脱にも、コツがあるのですよ。過去世とか未来、魂レベルの故郷など、そういった世界を見ようと思ったら、設定しておかなければダメです。何も設定しなければ、ただ抜けるだけですからね。

これからは、皆さんも経験していきます。もう少し経つと、地球人類全体が幽体離脱することになりますから、その時に自分で何をどのように設定するかによって、条件が変わってくるのです。

過去世が見たい、未来が見たい、自分の本質を見たいと常に思っていると、そういう世界にいけるのですね。逆に言えば、そのように思っていないと、その世界は見えてこないのです。

太陽を見るときは、ただ見るのではないのですよ。両手で三角形を作って、その中で見るのです。そうやってみると、グリーンに見えてきます。綺麗なグリーンで、グルグル回っている太陽が見えますね。ずっとそうやって見ていますと、眉間にあるチャクラにエネルギーが入ってきます。グリーンの太陽が真白くなり、太陽の回転が止まります。すると、太陽から七色の光が出て来るのです。それからも、松果体に意識を集中してずっと見ていますと、太陽からだんだんと十字架が出てくると言うわけです。

そして分かってくるのは、十字架というのは火と水の結びであるということなのです。縦のラインが火、横のラインが水、この結びは神ですね。ですからその印が現われてくるのです（すなわち神性とは大自然の法則なり）。

では、月はどうかといいますと、これはマルチョンのマークで表されるように、輪郭にオーラが現われているということなのです。月は、外にオーラがあるのです。そして面白いことに、この月の輪郭と太陽の大きさは、実は同じなのですね。実際は月のほうが、太陽よりも断然小さいですよね。ところが、エネルギー体の大きさは同じということなのです。

逆に、太陽はあんなに大きく見えますが、中心核は月と同じくらいです。プラズマによるフレア現象で、ヘリウムが燃えていることであの大きさに見えるのですね。

二つの月という言葉を、聞いたことがあるでしょうか。実は、このことを現しています。

第五段階については、もう子供を作らなくてもいい、そういう状態なんですね。そこまでに進化していくということです。

逆に、人間が人間であるということには種の法則があって、家族をもつ、家庭をもつ、子供をもつというのは、進化のためなのです。三次元のシステムで、この地球では種を残していかなければならないから、男と女に分けて作っていった。

しかし、これから地球が次元上昇して光の世界に入ってきますと、生殖という行為は必要なくなるのではないかということです。そういう状態になってくるのです。

そして、今の社会現象としておもしろいのは、エネルギーだけで感じてしまうという方も多くなってきていることですね。

日本本来のピラミッド構造とは

さて、実はエジプトにあるものがピラミッドではないのです。日本にあるものが、世界最大のピラミッドなのです。日本にある山のうち80パーセントは、ピラミッド構造なのですね。世界で最大のピラミッドはエジプトにあるものではなく、富士山なのです。

これが、世界最大のピラミッドなのですね。

富士山と連結しているすべての山々、日本の百名山などもそうですが、これらは全部繋がっているのです。すなわち、ピラミッド構造の山ということは、ピラミッドと同じ働きがありますよということなのです。

ピラミッドの効果、その一つ目は、自然災害を防ぐこと。二つ目は結界、バリアやシールドの効果ですね。これによって、隕石が降ってくるのを防いだりしています。

では、日本の山々が本来のピラミッドの働きをした時に、日本はどうなるでしょうか？　日本は沈没しませんね。逆に、日本は浮いてしまうのです。

もし、宇宙からいろいろなものが落ちてきても、例えばアメリカ西海岸のようなところに隕石が落ちてきても、日本には落ちてこないのです（笑）。

それからもし、津波が来たとしても、五十鈴のフトマニ（バリヤ）というものがあり、ピラミッドが完全に機能した場合は、防ぐことができるのです。自然災害を全部、防げるのですね。

２００７年は意外と台風が来なかったでしょう。これは、日本のピラミッドがだんだんと機能してきたからなのですよ。

日本本来のピラミッド構造というのは、宇宙エネルギーを増幅する装置なのです。一つの大きなドラゴンである日本全体が、日本の山々からのエネルギーでパワーアップされているのですね。日本は、連携されたピラミッドゾーンなのです。

このピラミッドゾーンの上を円盤が飛ぶことは、実は、リニアモーターカーの原理なのです。ピラミッドの上を移動できます。

日本の山々が動き出す、そうすると磁力線が出ますから、円盤なども動くことができるのです。実際、昔はそうだったのですね。日本の山が動き出すと、世界の山が全て動きます。そうすると、ピラミッド構造の共鳴を起して、それこそ地球全体が次元上昇するのです。平成18年に岩戸が開いていますから、日本の、そして世界のピラミッドが繋がって、地球の中心を通って次元軸をだんだんと押し上げていく、そういった現象が間もなく本格的にスタートしますよ。

最近、富士山が綺麗になってきたという話を聞きませんか？　写真を撮っている方々も、最近富士山のオーラがすごいですねなどと話しているわけです。

あと、富士山はいっとき危ない時期がありました。聞いたことがありますか？

これについては、どこかの風水師がちゃんと調整していたのです。これは名前は言えませんよ（笑）（酒を飲んで温泉に入ってもミッションはしているようです！）。

本来、古代の叡智と言われているようなモニュメントは、ピラミッドのみではありません。イースター島のモアイもそうですが、日本全国にもペトログリフというものがありますね。岩倉です。それらもこれから時間がたつとともに、甦《よみがえ》ってくるのです。

宇宙のエネルギーを受け取って地球を守る役割のものが、今までは封印されてきましたが、これからは動き出しますよということです。人間の進化が始まり、次は自然の進化が始まるのです。

これらはすなわち、地球そのものが本来の姿、日本列島が本来の日の本の国に、エネルギー的にだんだんとチェンジアップしていくということです。これがピラミッド効果の二つ目ですね。

２０１２年に向けて、チェンジアップはすでにスタートしています。時間軸では、平成１８年から動き出してきているのです。

今後の自然災害を予測する

しかしこれに伴い、一つだけ問題があります。それは今まで止まっていたものが動き出すわけですから、家庭で言ったら４０年も使っていない布団を押入れから出してくるようなもので、まず使えないわけですね、使う前に叩いて叩いて、ホコリを出さなきゃいけないのです。そうしないと使えないのです。

これが、自然災害という形で現れてきますよということです。強い地震や、実は竜巻もそうなのです。気象庁は、竜巻の原因を低気圧や高気圧などの気象の変化で説明しますが、本当は気脈の変化が竜巻の現象で現われるということなのですね。

最近、日本でも竜巻が来ることもありますが、アメリカのほうがずっと大きいでしょう？ ですから、あと3年、5年経ちますと、以前大きなハリケーンがあったところが、今は海に沈んじゃって無いということも起こりえるのです。

そうすると、北海道も無くなるんじゃないかとか、九州も危ないんじゃないかという気にもなりますよね。宮崎も、台風が来たらどうするのか？ **あそこは東国原知事が頑張ってるから大丈夫だとかね（笑）**。

でも、そういう問題ではありません。つまり、だんだんとそうやって気脈が変わって調整されてきますが、そのように自然災害も起こるということです。

しかしこれらは、いわば地球の生理現象ですから、やむをえないことなのですね。

これだけは覚えておいてください。日本は沈没するなどとどこかの預言者が言っていたそうですが、フォッサマグナから日本列島が二つに割れるというようなことも、もう無くなりました。将来起こる可能性も、非常に少なくなりましたね。

ちなみに、以前は日本のフォッサマグナ、すなわち糸魚川と焼津の構造線を結んでいるライン、ここから割れると言われていました。

そのフォッサマグナのラインに直交するライン、これは北海道から阿蘇まで繋がっていますけれども、この縦のラインも含めて日本列島を守っているのが、白山神界なんですね。だから、キクリヒメが世に出てきたということは、この日本の龍体がバラバラにならないために守っているということです。

地層のズレは確かにありますが、最悪でも二つに割れることはまずないですからご安心ください。**日本列島のピラミッド構造が機能しますと、こういったことも防げます。自然災害、例えば竜巻、台風、それから地震、そうしたものが防げるのです。**

今、東京は、エネルギー的にものすごく静かなのです。知っていますか？

去年、おととしと比べて、東京の地震のエネルギーはネコを被ったように静かです。しかし、東京はこれまでに、二回ほど危なかったのですね。過去のことですから言えますが。これも、いろいろな人が守ってくれていたのです。だから、東京はまだ大丈夫です（今はM《マグニチュード》9クラスが予想される、東南海地震の対策です）。

ただし、今度は海の潮のスピードが変わりますから、魚がだんだん獲れなくなってきます。これも、一つの現象として現われてくるのです。

これらが、ピラミッド構造の秘密なのですね。

そして、人間の体にも、ピラミッドと対応する箇所があるのです。

二つあるのですが、一つは仙骨。地球のエネルギーが上がって来ますと、皆さんの仙骨も共鳴を起こすのです。そうなると体が軽くなり、不思議な感覚、例えば歩いていてもいつもと感覚が違うなどを、体験する方もいらっしゃると思います。

ただし、体が詰まっている方、血流が悪い方などを指しますが、このような方は体がだるく感じたり、熱っぽくなってくると思います。仙骨や体の節々の痛みも、特殊な感じだったりします（のどの痛みは感情毒素が出るから）。

そのような場合は、お酒を飲むと良くなります。普通のお酒じゃありませんよ。塩の入ったお酒を飲むと、仙骨のエネルギーの回転が落ち着きます。その症状は、決して更年期障害ではないのです。

パート2　ミスユニバース（世界政府が犯した罪とは）

（＊この章は、2007年1月に行われた神戸スピコンのセミナーが基になっています。）

日本の起源の節句、建国記念日

あけましておめでとうございます。

日本では一月一日を正月と呼び、謹賀新年といいますが、我々風水師の業界では旧暦の正月をもって正月とします。

しかし、日本の起源の節句というものは建国記念日、すなわち二月十一日が日本の国体の正式な正月であるということをお伝えしておきます。

二月四日に節分というお祝いをしますね。「鬼は外、福は内」とやるわけですが、本当は鬼は外ではなく、鬼は内、福も内、これが本当なのです。

さて、開運法についてはいろいろな本があります。書店で見ますと、だいたい200冊以上あるようですが、古来からの歴史にのっとった開運法の書籍については、なかなか手に入らないのですね。

そこで今回は、中国の帝王学という学問の中での開運法として、一番簡単な「幸せの暗号」をご紹介することにいたします。

建国記念日とは、オノコロの伝説、イザナギとイザナミという神様がいて、神武天皇以来からの建国が二月十一日であるということに繋がっているのですね。すなわち、神武天皇以前という言葉があるとすれば、古代縄文の正月にあたるのが二月十一日と覚えてください。

そして、なぜ二月四日に節分があるのかと言うと、節分ですべての邪気を払って一週間後に正月を迎える、それが古代の習わしだったということなのですね。今の一月一日というのは、残念ながら2600年より前は正月ではなかったということなのです。

ですから、縄文文化やレムリアの文化など、古代文化やイニシエーションを信じたい方は、あらためてこの二月十一日を正月だと思って、お祝いをすると面白いと思います。

建国記念日の時は、日本列島の富士山を中心に、黄金の金の糸が宇宙から降りてくるのです。それを夢に見て、芥川龍之介は小説を書きました。それが、「くもの糸」ですね(日本全国で建国記念祭を神社でやるべし)。

そして、日本の国のオーラはゴールド、白金色なのです。ところが、日本列島を航空写真ではなく、70万分の1に縮めてキルリアン写真のようなオーラ測定器で写真に撮ったものがあります。特殊な機器を人口衛星に取り付けたカメラであり、その地域にどのような鉱物が埋まっているか、また、土地がどれくらい放射線で汚染されている状態なのかがわかるものです。一般の方は見ることはできませんが、その写真では、出ているエネルギー、プラーナを見ることもできるのです。

この写真を十年前、二十年前と見比べていきますと、三年前までは日本列島の半分以上はどす黒い色になっていました。平成19年1月9日現在の写真によりますと、日本のエネルギーは数値でいうと74くらいあります。色は、やや黄ばんできました。まだゴールドのオーラにはなっていませんが、どす黒いエネルギーはだんだん消えてきています（政治家も白くなってきたようですので！〈笑〉）。

中でも、一番変化があったのが四国です。四国と瀬戸内海のエネルギーが、前よりもかなりきれいになってきています。四国が変わるということは、黄泉の国が変わるということですから、エーテル磁場、霊的な磁場が、だいぶん浄化されてきたのではないかと思います。

世界政府が犯した5つのミス

さて、今回のテーマの、ミスユニバースに入ります。

まず、ミスユニバースという言葉を聞いたことはあるでしょうか。美人コンテストではありません。これは、世界政府が犯した5つのミスについてのお話です。

では、世界政府とは何でしょうか。日本には日本政府、アメリカにはアメリカ政府というように、各国には政府という組織があります。

それとは別に、世界政府と言われているものがあります。俗に、メイソンの上部団体にあたるイルミナティの組織のことなどを指すとされています。

暴露本、陰謀論の世界では、人類抹殺計画だとか666の封印についてなどもあるようです。石油、ネオコンなどもありますね。彼らは、死の商人などと呼ばれたりします。すなわち、戦争の仕掛け人を意味しているのですね。

そういった人たちが所属しているセクションを総称して、世界政府と呼びます。その世界政府が失敗したことが5つあるということについて、お話していきます。

（世界政府が犯した罪について）

1、エネルギー政策（石油）

2、食料政策

3、教育政策
4、環境政策
5、宇宙政策

まず一つ目の罪、これはエネルギー政策についてです。一般的に石油と呼ばれる資源などが、エネルギーにあたります。

それから、食料政策。日本の主食は米ですが、海外ではパンや麺になる小麦などもあります。それら、食料全般についてです。

そして教育政策、環境政策。これらは、5年、10年経ったら、大学の試験に出ますからね、覚えてください（笑）。

最後は、宇宙政策です。これに関してはプロトコル基本書という定義書、盟約書があり、ここにいろいろな決めごとの記載があります。

例えば、日本に対する戦略について、毎年アメリカから要望書というものが送られてくるのです。それに基づいて、日本の政治家たちが全部、対応していくのですね。その結果、郵貯の解体などが起こりました。

皆さんにもかかわることだったでしょうが、これも前々からシステムプランの中の一つの行事として扱われているものなのです。決して、急に決まったことではないのですね。

「ネバダレポート」

では、ネバダレポートというものをご存知でしょうか。

・公務員の総数、給料は30%以上カット、及びボーナスは例外なくすべてカット
・公務員の退職金は一切認めない。100%カット
・年金は一律30%カット
・国債の利払いが五年から十年間停止
・消費税は20%に引き上げる
・課税最低額を引き下げ、年収百万円以上から徴税を行う
・資産税を導入し、不動産に対しては公示価格の5%を課税、債券、社債については5から15%の課税
・預金については一律ペイオフを実施し、第二段階として、預金を30%から

40%カットする

これは、アメリカの対日戦略の一つの教科書のようなものですが、将来公務員の数を三分の一に減らしましょうだとか、日本経済がもしだめになったら、預金を封鎖し、経済をこのように進めていきましょうというガイドラインを定めてあるのですね。

少し前に、私の友人があの世に行きました。名前は橋本龍太郎という人です。皆さんも、ご存じの方かと思います。なぜ友達なのかの説明はここでは割愛しますが、彼が死んでから、岡山に墓参りに行きました。

総理大臣だった時、彼はアメリカとプラザ合意というものを交わしました。これを簡単に説明しますと、日本がアメリカに貸している借金、日本から見れば、当然債務ですよ、対外債務です。この債権を売りましょうか、処分しましょうかといううかがいをたてたのですね。そうしたら、アメリカはものすごく嫌がりました。今だから言えますが、その後どうなったかというと、日本海に石油を撒かれました。アメリカがやっただとか、そういうことは明言しません（笑）。

しかし、あの時のサマーズ財務長官と橋本龍太郎さんの会談が終わった後に、なぜだか日本海に石油が撒かれたのです。

その後、橋本政権というものがどうなったか。皆さんご存知のように、いろいろとありましたね。

それから、皆さんもご存知の鈴木宗男さん。北海道に行きますと、鈴木宗男さんは神様みたいに言われているのです。

なぜかと言うと、鈴木宗男さんがいないと、北海道に予算が回ってこない。また、ロシア問題では、日本のキーパーソンなのです。

しかし、実際にはどうなったかと言うと、やはり彼も叩かれたということなのですね。アメリカや、**どこかの情報機関が仕掛けてこのようになった**かどうかは分かりませんが、誰かがそのように言っていたということはお伝えしておきます。

あともう一人、**田中角栄さん。日本独自のエネルギー戦略をしよう**と、シベリアの天然ガスなどの獲得に向けて動いていましたが、起きたのがロッキード事件でした。やはり彼も、徹底的に叩かれました。

これからの石油政策

私がここで何を言いたいのかというと、こうしたことはアメリカ一国でやれるもので

はなく、俗に言う世界政府なのですよということです。世界政府の定義書の中にある、エネルギーに関する問題。それから、食料に関する問題、教育、環境、宇宙政策に関する問題に関しては、一国の首相の主張は通らないということなのです。

例えば、日本でロケットを打ち上げていこうという戦略から、近年やっと飛ばせるようになりました。観測衛星を飛ばせるようにもなったのです。

しかし、それまでにはいろいろな問題があったのです。これも、妨害がありましたとは、はっきりとは言えません。けれども、割と信頼のおける筋からそのような話を聞きましたので、そうじゃないかなと思うわけですね。

私から見ますと、5つの政策を宇宙規模で考えた場合には、一国の首相、一国の制度では、決めることができないのだと思えます。

特に我々、この日本の国においては、食料問題と教育問題、そしてエネルギー政策に関して、マッカーサーの占領以来、何も変わっていません。日本の基幹産業の一つ、鉄鋼業では、例えば建物を作るのに使う鉄筋、これはほとんどが鉄鉱石でできていますが、この鉄鋼のすべてをオーストラリアほか、海外から輸入しているのです。

では、これは誰が管理しているのかといえば、ロスチャイルドなのです。その系列が、全部押さえているのです。日本で鉄鉱石を採掘して、鉄筋の建物を建てているのかといえば、それはまったくの認識不足というものです。原料を輸入して、それを加工して建てているのですね。

では、その輸入する権利、作る権利の元締めは誰かといえば、ロックフェラーと呼ばれる人たちです。そして、石油政策というのは、自動車産業に直結しているのです。日本も車社会でしょう。車が走るには、石油を使います。

それだけでなく、石油に関連するもの一切は、エネルギー戦略の一環として押さえられているのです。だから、石油の値段が上がったり下がったりするのは、あるところで決められたものであり、私たちはそれに従わざるを得ないという構造になっています。

このエネルギー政策の中には、原子力発電所、それからフリーエネルギーと言われているものも、全部入っています。本来は、フリーエネルギーというものは燃料電池として２０１０年度をベースに代替されなければならないと言われているのですが、ある組織のメンバーから聞いたところによると、２０１０ではなくとりあえず２０２０年までは今の石油情勢を維持して行くことで同意しているそうです。

本来は、２０１０年からはエネルギー政策で、石油に替わる天然ガス、燃料電池とか、フリーエネルギーの基盤を出す予定でした。しかし、一部のネオコンの上層部たちが、中国経済を２０２０年までは引っ張って行かなくてはならないとし、またイギリスのある研究所では、中国経済を完全に成長させるには今からあと15年にわたって、膨大な量の石油と天然ガスが必要であると算出しています。

すなわち中国のために、エネルギー戦略として2020年までは石油を基軸とした政策でやっていこうと決めたのですね。中国では、2010年から原子力発電所をたくさん作るという計画があったのですが、ヨーロッパ、アメリカ、ロシアが全面的に協力するという話し合いのもと、石油を使って発電するという方向を指南したのです（逆に、10年後の中国が、世界一のフリーエネルギー国家になる可能性もある）。

そして、石油を使って喜ぶところ、これは石油を使ってビジネスをやっている人たちですね。すでにフリーエネルギー機関はできていて、2010年には環境問題などを背景にこれらに代替していく予定だったものが、中国経済の発展という名において、石油を基軸にしたエネルギー政策に戻されているということなのです。

すると、地球温暖化の問題がますます加速して深刻になるわけです。車でも、電気自動車、水素エネルギーなどいろいろとできています。だんだんとそのように移行していく流れの反面、基幹産業などではまだまだ石油を使っていきましょうということになっているのです（中東国が次世代になるまで石油で生活する）。

しかし、このまま石油を使っていくと、CO_2の問題で地球の温暖化は加速してしまいます。アメリカCNNのニュースで、去年一年間であることがトップだったという記事がありました。すなわち、**アメリカの気象を100年間観測して、最も天変地異が多かったのが去年だったそうです。**新聞の見出しには、100年に一度のフェスティバルと踊っていたようで、特に多い天変地異と言えば、大型台風だったのですね。異常気象によるものです。それによる経済効果は、なんとマイナス15%にもなったそうです。もしこれが、マイナス30%以上になったとしたら、アメリカではもう、食料の生産ができなくなるのではないかと言われています。

そのタイムリミットが、西暦で2010年なのです。今年は2007年ですから、この調子で天変地異や自然災害が多くなっていきますと、アメリカはあと3年も経たずに食料が自給できなくなってしまいますよというレポートが出ているのです。

そして、環境団体などがCO_2の出るものはアメリカではもう使わないでいこうと活動していますから、アメリカの環境はだんだん良くなるという予測が立っていますが、地球規模で見ますと、中国でのエネルギー戦略、すなわち金儲けについては、2020年までは協議書において保証されているのです。

環境問題に取り組む国や人々は増えてきましたが、今後10年以上、残念ながらエネルギー政策として、まだまだ石油を使っていくのですよ。この政策は絶対に間違っています（国民生活が物価上昇について行けるか？）。

この調子でいけば、地球温暖化のスピードを26％の割合で加速させるそうです。これは、たいへんな数字です。地球シミュレーターというコンピューターで算出されたポールシフトの時期は2026年だったのですが、26％の割合で加速した場合には、2016年になってしまいます。地球の環境問題の臨界点が、10年早まってしまうのです。


次は、食料政策です。皆さんも、日本の食料の自給率はだいたいご存知だと思いますが、近年は39％と言われています。しかし、この中には防衛備蓄として自衛隊が食料保存をしていたり、農協の倉庫で非常用で管理しているものがありますから、実際は30％となっています。

それから、石油を使ったハウス栽培がありますね。野菜だけでなく、ニワトリも温室で育っています。漁船も石油を使います。日本では石油に頼ったシステムで食料の確保をしているのです。もし石油が手に入らなくなりますと、自給率は20％となります。

さらには、異常気象が起こった場合には、もう10％減るのです。

ですから、**日本の本質的な食料自給率は、一割しかないということを覚えておいて**

ください。国では、自給率を39％と発表していますが、天変地異や自然災害時の影響については考えられていない数字なのです。今年は天候が悪くて不作だったとか、そうした要素は含まれていないのです。この場合、10％程度の数字の差があるのですね。

どことは言えませんがあるところでは、人間をそろそろ間引きしましょうかという話も持ち上がっているのです。地球の総人口は現在、だいたい70億人なのですが、とりあえず50億人ぐらい処分してはどうか、そしてそれをどのように実行したらいいかという話です。

アフリカにはエイズなどの伝染病が多くあり、中国では細菌兵器があるなど、いろいろとやり方はあるようですが、食料を減らしていく方法もとれるということで、人工的に気象をコントロールして、作物の出来を調整しようという動きがあります。

これが本格的になると、日本は世界政府の言うことを聞かなければ、いつでも食料の自給率を39％から10％にされてしまうという、政治的な圧力をかけられてしまうのです。

しかし、これには裏があります。彼らは食料を管理しようと思って、気象兵器を造っていろいろと実験しましたが、あまりにも気象をいじり過ぎてコントロールできなくなってきたそうです（笑）。

例えば、アフリカではバッタ、イナゴが4億匹を超えているのです。これはすごいですよ。三年前までは、だいたい600万匹くらいだったのです。去年で2億匹だったそうです。卵の数などを調べてみると、今後はもっと、ものすごい数のイナゴがふ化するのではないかと言われています。

もし、アフリカのイナゴが日本に来てしまったらたいへんなことになりますね。

世界政府の人たちは、アフリカでイナゴが大量発生するとは思っていなかったそうです。最初に増えた時には、まぁ、少し畑が食われるくらいだなと思っていました。ところが、このイナゴたちは草を食べるだけではなくて、牛も食べているそうです。草食だった昆虫が、肉食になってしまっている、動物も食べるようになっているのですね。これは怖いことです（砂漠化とイナゴと環境破壊がたいへんです）。

たとえば、日本でもたくさんの湖に外国から来たブラックバスという魚がいます。琵琶湖ではもはや、釣りをしたらブラックバスしか釣れないなどということもあるようですが、こうした魚がこれ以上日本に入らないようにしようとする活動もあるのですね

（環境Gメンを設立し、日本の沼、湖を守る議員立法を作るべし）。

さて、このイナゴには牙が生えてきており、動物の死骸も食べているようです。とい

うことは、一つ間違ってこれが、ヨーロッパや中国に来たらどうなるでしょうか？　ひょっとしたら、人間も食べられてしまうかもしれません。たいへんなことになってしまいますね。

世界政府は、食料がなければ生きていけないということに目をつけて、このような政策を進めたのです。穀物の相場で儲けようということもありました。

ところが、思いもよらなかったのは自然界に発生する動物、今回のイナゴのようなものですね。定義書の時点では抑えられると思っていたのが、それを超える勢いでイナゴは増えてきているのですね。

日本でも、熱帯地方の動植物が発生しているという事実があります。去年、千葉県のあるところでは、気温が45度以上ないと生息できないはずの熱帯原産のクモが、マンホール下の地下で20匹発見されたそうです。

皆さんも、まさか日本まではイナゴも飛んで来ないと思われるかもしれませんが、バッタというのは1200㎞の距離でも移動することが分かっているそうです。移動した先で子どもを作って、またそこから1200㎞移動します。これを7回繰り返すと、距離的には日本まで来てしまうのです（笑）。

もしそうなれば、対策をしなければならないでしょう（バットマンの出動です）。

世界政府では、気象兵器とは別に、気象をコントロールするための実験をしたのですね。砂漠化も、実はそのようにして作られたものなのです。

では、砂漠化がそのように作られているとすれば、第二のアフリカ砂漠とも言われる砂漠化地域はどこかといえば、それは中国です。

もしも、世界政府が中国を攻めることを考えた場合、戦争という形をとるのはたいへんですが、砂漠化計画のように、自然環境を変えることを食料政策の一環でやったとしたら、人口は減ると考えられますよね。

人工的に砂漠化することには成功しましたが、今度は定義書や計画に関係なく、砂漠そのものが勝手に広がりつつあるというのが事実なのです。

エネルギー政策でいえば、CO_2のために温暖化が進んでいますが、食料政策の場合は、砂漠化という問題が出てきたのです。

それだけではありません。生物、動物、すなわち生態系も、完全に狂ってきてしまったのですね。これでは、最終的に人間も消滅することになるのです。世界政府も、ここまでは予想していませんでした。

パート3　仮面の告白　ザ・ゴールデンマスク

地底人はどこから来るのか

これからの時代、2008年のテーマは、「海」です。体感でわかりますから、今から言っておきます。皆さんは、地底人が本当に存在すると思っていますか？　信じない方が多そうですね？　それはなぜでしょうか？　見たことが無いからでしょうか？

では、月や太陽はあると思いますか？　おそらく、100%近くの方がそれらはあると思っているでしょうね。なぜなら、見たことがあるからです。人間は、見えるという基準で80%認知しますからね。

しかし、霊的な存在なども、見える人には見えますよね。普通の人には見えないだけで、確かに存在しますからね。それといっしょです。地底人は、存在します。

では、地底人はどこから出てくるかというと、想像されがちな、洞窟のような穴から出てくるのではありません。実は、海から出てくるのです。上陸するのに、一番手っ取り早いのは海なのです。UFOに乗ってくるより、そのほうが自然でしょう？

ですから、来年は海を見ていてください。海には津波があったり、大洪水があったりと、さまざまな異変があるのですね。海は、ものすごく変わってきています。

形象学という学問があるのですが、その中では世の中で起こる現象は、必ず前兆があるとなっているのです。

例えば、「パイレーツ・オブ・カリビアン」という映画がヒットしましたよね。あれは、形象学的に言えば、ヒットさせたのです。ある方法を使って、流行らせた映画なのです。あの映画は、海賊がテーマですね。そして、なかなか死なない人とか出てくるでしょう。**あれは日本で言う、竜宮伝説の一つなのです。**

皆さん、地底人の伝説は無いと思っていても、海女族の伝説、浦島太郎の竜宮城、乙姫の伝説などは知っていますよね。これらは、立派な地下都市の伝説なのですよ。海の底とはいえ、これらは皆、海の中ですからね。

海というのは、魚座を表します。先の映画などは、魚座の時代から水瓶座の時代になりますよという形象として現れているのです。

今後、人間の意識がだんだんと、見えないところから見えるところに出てきます。海に関しては、氷山の一角という言葉がありますね。今まで隠されていたものが、表出してくるのです。

ですから、2010年あたりには、レムリア大陸の遺跡が発見されたとか、ある場所が第二のイースター島ではないかとか、南極付近がアトランティスだったのではないかという、発表があるかもしれません。

今まで、海はあまり注目されていませんでしたが、本当は地球では海のほうが広いのですね。陸地は3割で、海は7割ですからね。

では、もしこれが逆になって、大陸が全部沈んで海底が浮き出してきたらどうなると思いますか？　そんなことはまず無いとは思いますが、海の中にいったい何が眠っているのか、ということですね。

過去、地球において、6回のポールシフトがありました。

それに関わるこれまでの文明のうち、5つが海の中にあります。海に潜らずに外に出ている文明は、一つしかないのです。すなわち、地球の歴史を調べる中で、海底まで完全に調査できたとしたら、歴史認識が変わってくるのです。

しかし、海の調査をさせない、領海で魚を穫るだけで、関心を持たないでくださいと言い始めたのは、イギリス王室なのです。大英帝国は昔、船を造って航海しましたね。あれは、領地を拡大したかったのではなく、世界の海を支配したかったのですね。

海には、金塊、財宝だけでなく、過去の文明の叡智も眠っているのです。

現在、南極や北極は、とりあえず公海ということになっています。アメリカは宇宙、太陽系までの制空権を持っていますけれども、つい最近までのイギリスは、制空権はいらないから、世界中の制海権をくださいと言っていました。アメリカの情報機関の人たち、イギリスのＳＩＳ（ＭＩ６）の人たちなど、なぜ女王陛下は海が好きなのかと考えていたようですが、そこに、秘密があるのです。

女王陛下８００歳説というのを、聞いたことがありますか？ ブッシュ大統領が、記者会見で女王陛下を讃えて、あなたは２００年前から生きていますねと口を滑らせたという話もあります。実際は、★★★歳なのですね（笑）。

では、いったい何を食べたらそんなに長生きできるのでしょうか。猟奇的な伝説に残っているように、人の生き血を飲んだとしても、肉体がある以上は限界があります。

その答えは、海にあるのだそうです。中国やインドにも、数百歳生きている人がいるそうですからね。ヒマラヤの聖者など、何千年も生きているという方がいますね**（プラーナが物質化すると、なんと海水になるんです〈秘〉）**。

一方、地底人には何万年も生きている人がいるのです。私は退行催眠を受けたことがあるのですが、その時は、自分でびっくりしてしまいました。術者に、白峰さん、驚きましたよと言われましたね。赤ちゃんにまで戻って、あなたの年齢はいくつですかと聞いたら、地球に来てからだと5億歳と言っていますとね。私はバカバカしい話だと思いました。そんなのあるわけないだろうと。そしたら結構、ジジイですものね（今は、平成の19歳です。よろしく〈笑〉）。

しかし、これで分かってくることは、年齢というものは時間軸という枠の中で、決められたものでしかないということですね。

例えば、肉体的には26歳ぐらいにしか見えない人が、金星だったら300歳などということはあるのです。

では、時間や命とは、いったい何なのかということです。地球が宇宙の相似形であって、また、人間は地球の相似形であったとしたら、皆さんは水瓶座の時代、すなわち海、生命の源に還らなくてはいけませんよということなのですね。

今の科学では、生命は海で生まれ、進化して陸に上がってきたということになっていますが、実際にそうなのです。ということは、我々は陸に来る前は海で生活していたのですね。

では、海にいる前はといえば、地底にいたのです。でも、地底にいたということは隠されてきました。はっきり言いますが、ダーウィンの進化論というのは嘘ですからね。以前、エハン・デラヴィさんといっしょに食事をしたときに、ダーウィンの進化論をどう思うかと聞きましたら、あんなの嘘だよと言っていましたね。では、どこから来たと思うかと聞いたら、彼はシリウスだとかいろいろ持論はあるがそれは置いておくとして、我々の生命のプロットタイプ、すなわち原型が、必ず地球にあるはずだと言いました。私がそれは海にあると思うと言ったら、エハンは、あぁ、そうかもしれないねと答えましたね。

実は、日本にある竜宮城の伝説というのは、シャンバラの入口を言っているのです。浦島太郎を知っていますね？　竜宮城に行って戻ったら、お爺さんになってしまいました。時間と次元が違う場所に行ったら、皆さんはそういう状態になってしまうのです。

天声私語（価値の根元は情報なり）

ある情報機関を退官した友人に、ミスター・クワンイン（白峰）、貴方はどこからそんな情報を持ってくるのと聞かれたので、私は自分が宇宙から来たと、自分自身を認識したときからすべてが変わったと話をしました。

すると、歴史ある神官風水師として仕事をしていればいいのに、こんな内容を書くから天皇陛下に呼ばれなくなるし、将来勲章ももらえんよ（笑）と言われました。

今までよく生きてこられたね、不思議に思っていたと！

この情報が、デマでも真実でも、すべて皆様一人ひとりが認識することが大事です。

なぜなら、

『認めただけが世界であり、肯定しただけが自分である。

そして、自分が世界であるから！』

認めただけが世界であり

肯定しただけが自分である

そして自分が世界である

——仮面の告白——

Verum《ヴェルム》 ipsum《イプスム》

factum《ファクトゥム》

真理は為すことにおいてある

新説2012年

地球人類進化論

国際問題研究所
中丸 薫 ◎
LOHAS日本国代表幹事
白峰
(NAKAIMA)

明窓出版
協力

時の旅人

（＊この章は、２００７年６月に行われたＩＮＴＵＩＴＩＯＮのセミナーが基になっています。）

時間は一定ではない

今回のテーマは「時の旅人」ですが、皆さん、「時」とはいったい何でしょうか。鳥の「トキ」じゃないですよね（笑）。自分にとっての時間とか「時」って何なのか、考えた事はありますか。

「時」という漢字を分解しますと、「日」と「寺」ですよね。なぜ「寺」と「日」で「時」を表すかというと、昔は寺の鐘の音で時間を知らせていたのです。今、日産ではカルロス・ゴーンという鐘の音が聞こえますけれども、その鐘とはぜんぜん違うのですが（笑）。この「時」というものは、人間の「日の出」と「日の入り」を表しているのですね。お寺の鐘とは、例えば1時間おきについたり、時計のような役割をするわけではありません。朝日が上がって、太陽が沈む、この時に鐘を鳴らしていたのです。

ですから緯度、経度が異なる場所では、「日の出」と「日の入り」の時間はぜんぜん違うのですね。北海道の「日の出」と、東京の「日の出」、「日の入り」も違います。

このように時間とは、実は一定ではないのです。時間の尺度というものは、まったく一定ではない。

例えば、時間の振動する時間。「時＝9192631770」。これは、1秒の長さです。1秒間にセシウムの原子が振動する時間。数字で表すと、こんなに面倒くさいのですね。桁が多くて、ややこしいでしょう。

とりあえず今、皆さんは1年が365日という設定で生きています。精神世界の中では、「いや、違いますよ。私は1年を260日の周期で生きてますよ」という方もいらっしゃいますね。これは、太陰暦、マヤ暦ですね
通常の太陽暦、「グレゴリオ暦」が12カ月で、このマヤ暦が13カ月。実際に、異なった周期で生きている人もいるのですね。マヤのカレンダー、月の暦に沿って生きている方は、それによる変化を感じる事もあるそうです。

そして、これだけではありません。もう一つは「時」の表現です。年号というだけでも、たくさんあるのです。

まず、皇紀。これは分かりますね。日本人だったら、ぜひ皇紀を使っていただきたいです。皇紀は日本の神武天皇以来の年号で、2007年は2667年といわれています。

紀元節の話ですね。

次は、平成19年。平成の御代になって19年という表現ですね。天皇さまが即位された時に年号も新しく制定されます。崩御なさいますと、今度は新しい年号になるわけですね。年号も「時」を表しています。

3番目は、これは俗にいう西暦、キリストの生誕の年が原点です。

そして4番目、6671。これはシュメール紀といいます。あんまり使われていませんがシュメール紀は、紀元前4004年から始まっていますから、2007年は、「6671」になるわけです。

それともう一つ。番外ですけれど「5772」が分かる方はいらっしゃいますでしょうか？　私だけかもしれませんね。これは、中丸先生の事務所の電話番号です（笑）。実は、**この「5772」というのはたいへん意味が深いんです。イルミナティの発祥の年号**なんですね。それを中丸先生は事務所の電話番号として使っている、これも何か意味があるのでしょうね。イルミナティ、その世界で光の住人といわれているのは、BC4004年からの歴史なのです。

つまり、古代シュメールの紀元節で生きている方と、西暦で生きている方と、平成の年号や紀元節の皇紀を使っている方、いろいろあるわけですね。人生いろいろです。しかし、これらは全部、「時」を表しているわけです。

では、「時間」とはいったい何なのか。時間というのは「時」の「間」ですね。「時」とはいったい何なのか、皆さんあらためて考えてみてください。例えばこれが分からなくても、1年を365日ではなく、1年を260日のマヤ暦の周期で生きていると、体のバイオリズムがまったく変わってくるのですね。


実は、書けないぐらいにもっと、時間軸というものはあるのです。

例えば、地球にヒューマノイド型の人類が降り立ってからの時間軸は、56億4320年です。1万年前、10万年前、100万年前、1000万年前……というような、そんなものではないのですね。

とりあえず、これを本当だとした場合、地球は46億年の歴史といわれていますから、この46億年を引いてみましょう。そうすると、10億年という時間が余るでしょう。それでは、この10億年の間に人類はどこにいたのかというと、実は地表ではなく、地底や、太陽系の中で俗に言う宇宙船の上で暮らしていた時間なんです。

地球の創造期は、異常気象などでまったく落ち着かなかったのですね。

ですから、宇宙から降りて来ても、危ないと思ったらまた近くの星に逃げたり、地球の周りをぐるぐるしていた時間がこれくらいあるそうなのです。１０億年も宇宙空間にいたとすれば、われわれは現在、とりあえず人間の格好をしていますが、初期は宇宙で生命形態の進化をとげたというのが正解なのですね。

そして、この地球の歴史については、地表の部分、薄皮まんじゅうに例えれば皮の部分を今の科学で測定してみると、地球の状態が安定してから４６億年くらいといわれているのです。

ただし、これは英語で表現すると「about」です。「約」ですから、確定ではないのですね。だいたいこれくらいだろうといわれているわけです。これがもしＪＲＡの競馬だったら、確定でなければ賞金はでないのです。

ところが、宇宙工学や量子化学をやってみますと、そんなものではないのではないかと。なぜならば、月の表面の隕石や地層を調べると、地球よりも古いのですね。２２０億年ぐらいではないかと。そうすると「ちょっと待ってよ。地球の衛星といわれている月のほうが地球よりも古いなんて、そんなばかな話があるか」となってしまうわけですね。

ところが、ここに地底人がいますよ、ここに宇宙人がいますよという事になれば、話が違ってきますね。この地球の中、地殻、亜空間、テロスとか地底都市といわれているところです。それからこれはあんまり言っては駄目なのですが、そこまでいかなくても地下何キロぐらいのところに住んでいる、そういう民族もいるのですね。

それでは、この人たちはどの時間で生きているかというと、皇紀は使っていません。平成も使っていません。西暦だって地表の話だから関係ないねと、これも使っていないのです。

さて、彼らが何を使っているかというと、26000年のカレンダーなのです。

それではこの26000年のカレンダーというのはいったい何なのでしょうか。これは、太陽系周期ですね。太陽系のカレンダーが、26000年の周期なのです。正確にいうと銀河カレンダーなのですが、26000年に1回、太陽系の周期が入れ替わるという事で、地底の人たちは、このカレンダーの軸で動いているのです。

例えば2012年という時間軸。2016年という時間軸、2020年という時間軸があります。今から見て2012年というのは、地球にとって大切な一つの「鐘」が鳴る「時」なのです。そして、2016年というのは、太陽系にとっての「鐘」が鳴る「時」。「時」を知らせる「時」です。そして2020年というのは、銀河系にとっての「時」を知らせる「時」なのです。

2012年といわれている「時」は、地球の時元上昇といわれているわけですね。

２０１２年に起きる時元上昇とは

ところで、時元上昇というのは何なのか。漢字で書くと普通は「次元」と書きますね。

でも、**２０１２年は漢字で書くと、「時元」なのです。**

この「時元」というのは、時間軸が元に戻りますよという事なのです。

それではどの時間軸に戻るのかといえば、太陽系の２６０００年の時間を設定した「時」に戻るのだといわれています。それを示しているのが、５０００年前のマヤのカレンダーです。この２０１２年というものを、５０００年前にもう設定していたわけです。

なぜそれができたのかといえば、２６０００年のカレンダーがあったからだという事なのです。平成、皇紀、西暦、シュメール紀、イルミナティ年号、すべて関係ありません。

２０１２年に地球が変わります。何が変わるのかといえば、時間が終了するといわれています。それでは、時間が終了するというのはどういう事だと思いますか？　時間が終わる事について、考えた事があるでしょうか？

実は時間の終了というのは、生命形態の終了なのです。それでは、生命形態とは何なのか。すなわち、生命体の形です。形が変わりますという事です。

２０１２年を過ぎたら形態が変わるという事は、われわれのボディ、それから生活の生命磁場が、全部入れ替わるという事なのです。もっと光に近い、エネルギーに近いものになる。量子的にいいますと、分子濃度よりも原子の密度が高い、そういう存在になる。お化けではありませんが、もっと気薄な状態になるわけですね。これが、2012年の問題です。

もう一つあります。2016年、今度は太陽系が変化します。太陽フレアなどについてもご存じかと思いますが、ちょっと太陽の話をしますね。太陽そのものは、4重構造でできているんです。

太陽の中には、殻体の太陽（A）があるのです。そして放射体の太陽（B）。そして太陽の磁力（C）、エネルギーが及ぼす範囲（D）。太陽のエネルギー、磁場というのは、この四つ全部を表すのです。そして皆さんが目で見ている太陽といわれているものは、このCです。眩しい、輝いている。目で見える太陽というのは、このC段階のものを見ているのです。

そして、燃えていない太陽というのは、実はものすごく小さな物質体として存在していて、このAの殻体のところは、なんと水です。水がものすごい高速で回転しているのです。そうすると、止まって見えるのですね。

それでは、このBの温度がどれくらいかというと19度ぐらい。そう聞くと皆さんびっくりするでしょう。太陽は熱くないのです。

ところが、太陽のエネルギーの領域がどこまでいっているかというと、太陽系の97パーセントです。ほとんどが、太陽のエネルギーでできているわけです。しかしこの太陽というものは、メビウスや、もう一つの非常に大きな太陽からの連結のエネルギーでこうなっているのです。それが、シリウスなのです。

すなわち、見えないところからこの太陽にエネルギーを送っているのは、シリウスなのですね。そして、中丸先生の事務所の電話番号ではないですが、5572年前、イルミナティが太陽といっていたのはここなのです。

今、使われている太陽暦や太陰暦、いろいろな暦がありますけれども、歴史においてはぜんぜん違うのです。例えば、カバラでは数字の22をすごく大切にします。22というのは生命数、生命素数なのです。太陽そのものを表します。もっというと、太陽の働きですね。太陽が22パーセントとすると、後の見えざるエネルギーが78パーセント。これがシリウスから来ています。だから、古代の太陽系というのは、シリウスまでとすごく大きかったのです。

そしてその時、今の太陽は太陽ではなかった。土星が太陽だったのです。その、土星が太陽だった時に、実はマヤのカレンダーを作っているのです。パカルヴォタンなどの遺跡に、26000年の周期の中で、今の太陽ではなく、土星を中心とした太陽暦というのがありました。これは、表に出ていません。

土星は英語でサタンというのですね。西洋でサタンといえば、「魔」っていわれているでしょう。でも、サタンの別名はクロノスというのです。これは農耕の神様で、カルチャーなのですね。文明や土地を作る時には必ず耕す、この働きをするのが、クロノスという神様なのです。

しかし、この時代にはクロノスといわれていたのですが、土星の太陽のエネルギーを悪用するようになってしまったために、土星はサタンという呼び名で通っているのです。土星の本当の名前は、クロノスなのです。

つまり、今の太陽の前には、土星も太陽的な働きをしていた。そしてその後ろには、シリウスがあったのですね（この太陽伝説とは土星と太陽）。

この太陽系の中で、太陽の次に大きいのは木星です。木星はジュピターですね。ジュピターというのは、言葉を替えるとルシファーなのです。すなわち、太陽のように偉大な存在で、太陽のような働きをするものを、魔的に表現しているわけです。

しかし、木星がルシファーというと、あまりいいイメージを持てないでしょう。例えばクロノスをサタンというと、土星は何か怪しい魔物でもいるようでしょう。でも実際は違うんです（今、木星の太陽化計画も進んでおります）。

そして、この太陽系の星にはすべて生命体が住んでいますけれども、彼らの時間は全部、この周期で動いているのです。地球時間の平成だ、西暦だ、皇紀だといったものは、人間が地球上で生活して、その一形態という尺度でとらえた時間という事です。

先ほど言ったように、「日の出」と「日の入り」は違うでしょう。同じ太陽を見ているけれども、「日の出」の時間は違うのです。すなわち、時間というものは相対的なものという事なのです。

でも、その時間の中でも２０１２年は、地球が変わる「時」です。時間ではなくて、変わる「時」なのです。お寺でいったらゴーンと鐘が鳴って「はい、変わりますよ」という、これはそういう「時」なのです。

そして２０１６年になりますと、この「時」は太陽系が変わります。太陽が変わるのですね。どのように変わるのかというと、それは皆さんのお楽しみにしていればいいわけです。

そして太陽が変わると、今度は２０２０年に銀河系ごと、この座標が変わってしまうのです。

シューマン共振と脳内時計

そして大切なのは、今、時間が進んでいるという事。時間が速く感じるという方も、たくさんいらっしゃる事と思います。1日は24時間ですけれども、昔に比べると、今はだいたい、21時間ぐらいのスピードで動いているのです。1年にすれば、12カ月ではなくて10カ月ぐらいのスピードで動いている。

だから、昔は年齢を重ねると「時間が経つのが速いですね」と言っていましたが、**今は子供でも、「おじいちゃん、時間経つの速いよね」と言っています（笑）。**

皆さんに、大切な事をお伝えしますよ。時間というものは、例えば苦しい時には長く感じますね。反対に、好きな事をやっていると一瞬でしょう。浦島太郎ではないですけれどね。

脳の中には、時間を測定する認識磁場というのがあるのです。脳の中の認識。分かりやすく言いますと、物事を判断する、その時の時間であり、体内時計ではなく、脳内時計だと思ってください。

この脳内時計というのは、シューマン共振と共鳴しているのです。シューマン共振とは、地球そのものの生命磁場です。それの正常値が、7、8ヘルツといわれていました。

それが、だんだん上がってきているのです。マックス22まであり、まだそこまではいっていませんが、もう13は超しています。

このシューマン共振が上がると同時に、地球の時間軸が変化を起こしているのです。例えば、1秒の長さというのは、とりあえず決まっています。それを、短く感じたりしているわけです。そのうち、秋が4月に来て、夏が12月に来ている状態になるかもしれません。3月22日の彼岸に気温を計ったら、真夏の温度になっていたとか。すなわち、季節が半年ぐらいワープしちゃうわけです。これは自然界の話ですね。事実、このところ秋にしか咲かない花が4月に咲いていたり、2月に桜など咲くわけないのに咲いていたり。これだけでも、自然界は時間がずいぶんと進んでいるわけです。

では、なぜそうした現象が起きるかですが、科学者の先生方は分からないのですね。でも私からすると、このシューマン共振がだんだんと上がってくるにつれて、自然界の異常気象なども、加速的に進んでいるのです。

三つの封印が解かれる時

人間には、三つの封印がなされています。一つは、マネーシステムです。

例えば、世界経済はアメリカドルが基軸となっていますが、誰がそんなの決めたのでしょう？　誰かが決めたから、そうなっているはずです。本当は、金本位のほうがいいのでしょうが、誰かがそうしたシステムを定めたのです。

それから、エネルギーというシステム。フリーエネルギーはもうあるのだけれど、、まだ使っちゃ駄目だよと、阻んでいる何ものかがいる。システムがおかしいのです。フリーエネルギーが悪いのではなく、フリーエネルギーにしたくても、まだシステムがついていっていないのです。

それから、食料システムです。バイオエネルギーなどといって、トウモロコシで車を走らせようと思ったら、では食糧危機になったら食べるものをどうするのという問題がありますね。

私は、海水で走る車を作るべきと思います。理由はいろいろありますが、普通の水ではなく、海水には、電気を伝導させる力があるのです。そして、無公害です。海の地底に住んでる人たちは、海水をエネルギーに替えているのです。それで食料を作ったり、燃料を作ったりしています。

地底にいる人たちは、われわれの先輩としてそういう実験を既に行っていて、そのエコシステムで生きていますからね。

でも、一つ間違うと怖いですよ。水素爆弾も作れますから。
つまり、お金と、食料と、エネルギーのシステム。この三つによって人間は封印されているのです。これがほどける時が、2012年だと覚えておいてください。これに向かって、だんだんと食糧問題、エネルギー問題、お金のシステムという問題がほどけてきます。

これから、俗にいう影の政府とか世界政府といわれている、このシステムの運営者たちがだんだんと食えなくなってくるのですね。時元上昇しようとしている精神世界に伴って、物質社会も、システムも、全部移行していくんですよという事です。それが、歴史というものです。それが、時なのです。時代なのです。

明治維新の時に、庶民はそんな事が起こるとは思っていませんでした。動かしてる人たちは分かっていましたが、田舎にいるおじさん、おばさんには分からなかったのです。
昭和の時代にも、第1次、第2次と、戦争があったでしょう。そんなに戦争をしたいとは、誰も思っていなかったはずですよ。でも、日清戦争から始まって、ずっとやっていかざるをえなくなった。

けれども、この国はつぶれませんでした。これからも、この国はつぶれません。なぜかといえば、ここは時の民族のいる国だからです。

われわれ日本に生まれている人たちというのは、新しい時代をつくっていくという天命を担っているのです。だから、残された民族なのです。われわれが残って、維新を行っていく。ただ、いつも述べているように、日本人だけではないのですね。この国土に住んでいる人たちです。そこが重要なのですね。国籍はどこであろうと、この国に住んで、この国の言葉を話している人たちです。

では、日本人らしさというのは何かといえば、日本独特の価値観なのですね。

大切なのは、これから2012年に向かって、皆さんの意識がどうあるかという事です。皆さんは今、この時に生きています。現実として実際に起こった場合、皆さんは肉体を離れて新しい磁場に、次元に行く。

すなわち、今回のテーマの「時の旅人」の主人公は、原田知世ではなくて（笑）、皆さん、あなた方なんですよ、という事です。

アインソフ

永遠の中今に生きて

バカじゃできず、利口じゃできず、
中途半端じゃなをできず！

――アインソフとは――
無限の光・根源・○チョンマーク

＊この章は、2007年12月に行われたＩＮＴＵＩＴＩＯＮの10周年記念特別講演会が基になっています。

アインソフとは

今回は、政治のような「変わる」話ではなく、「変わらない」話をしたいと思います。

アインソフとは、ローマ字表記でAINSOPHと綴ります。もともとはヘブライ文字なのですが、この表記には、一つ足りない要素があるのです。実際の表記は、AIN◯ヽSOPHというものです。

この◯ヽ（マルチョン）が重要なのです。アルファベットはAからスタートしています。Aは日本語ではアマですから、天、すなわち宇宙を表します。

その次に重要なのが、SOPHのSです。SECURITY（セキュリティ）ともう一つ、SECRET（シークレット）という二つの意味があります。セキュリティは警備を、シークレットは秘密を意味しています。

この二つの言葉を同時に紐解くと、封印という意味が出てきます。暗号解読ではありませんが、このような解釈もあるのです。封印されたものには、まずセキュリティがあります。大切に管理され、守られているということです。

そして、秘密にされているということですね。AINSOPHという言葉を解明していくと、次のようにわかってきます。

AINはA＝天とINです。そこにヽ⃝があり、SOPHです。S＝封印とOPE。このOPEのOにはorigin＝起源という意味があります。Pはperson＝個人、そしてHはhumanoid＝人類という意味です。

これらからアインソフという言葉の意味を推測すると、どのようになってくるでしょうか。AINは宇宙と一体ということで、SOPHは自らの起源、すなわちルーツの封印を解くという解釈ができるとわかってきます。

世界の言語は、日本の言葉ですべて表現できます。アルファベットであっても、ヘブライ文字であっても、すべて解読できるのです。

なぜならば、世界の言語の発祥は日本だからですね。それぞれの解釈は言語によって違いがありますが、日本語として理解することができるのです。

アインソフという言葉は、人類がいかにして存在したのかという起源を知る、その封印を解くことによって、宇宙と人間が一体になるのだということです。

人間の進化は宇宙によって創られて、宇宙に戻るようにできています。宇宙と、人間の60兆個もの細胞が、大宇宙と小宇宙としてしばしば対比されることがありますが、宇宙と人間の違いはなんでしょうか？

目に見えるすべての物体は、原子、もっといえば素粒子からできています。物体の構成因子というのは、宇宙に浮かぶ星であっても、目の前の本であっても、みなさん自身であっても、みんな同じなのです。原子の配列と構成が異なるだけです。元をたどれば、同じものなのですね。

アセンションと言われる言葉、フォトンという言葉も、いろいろなところで見聞きするようになりました。

アセンションは次元上昇で、フォトンは光のことです。

フォトンベルトという光の帯がやってきて……という話も聞かれますが、これが人によってはあるといい、一方ではそんなものはないと主張する人もいます。私自身は、特に意識していません。あってもなくてもいいではないかということです（笑）。

確かに、フォトンベルトというのは肉眼では見えません。特殊な光線をある角度で当てることによって、偏光レンズにホログラムのごとくきれいに浮き出てくる円状の渦は確認できます。しかし、普通の望遠鏡では見ることはできない波長の光です。そういう意味では、フォトンベルトというものはありません。

ただ、あるかないかというより、どうしてこのような現象が起きてくるのか、ということのほうが大事ですからね。

以前、二万六千年周期で太陽系が入れ替わるということが話題になりました。これがアセンション、すなわち次元上昇に結びついてきたのです。

この「次元」とよく似た言葉で、「時元」があります。似てはいますが、まったく異なる意味を持っています。

この時元という言葉に注目して欲しいと思います。時という字には日が含まれています。そこに寺ですから、ゴーンと鐘が鳴ります。時間と太陽の関係を表す、この時元という言葉を覚えておいて下さい。

アインソフは㋸（マルチョン）という意味があると先述しましたが、日月地神示でいうところの日月地も、アインソフの意味を表しています。すなわち、太陽と、月と、大地ということです。さらにいえば、命と、気持ちと、形を表しているのです。

宇宙の成り立ちとは

ですから、この宇宙の成り立ちとは、三元の原理でいうところの、太陽と、月と、地球でしかないということがわかります。その他の星は、その三元と八力という理をもってできたものなのです。

夜空に瞬く星の根源的な要因とは何かと考えた場合、太陽、すなわち火の要素と、月、すなわち水の要素と、それが固まってできた地、すなわち土の要素、これらのベースをもって創られた世界が、火水土＝ヒミツとなり、まさにこれが秘密なのですね。

これを人に教えたのが、密教と呼ばれるものなのです。西洋では秘密について、ドクトルとか、カバラとか、さまざまな解釈がありますね。目に見える世界は、このヒミツによって創られているのです。

他に、風の要素もありますが、風は目に見えませんからね。みなさんの体も、その98％以上、もう99％といっていいくらい、ほとんどがこの原理で成り立っています。

そして最後に㊅（マルチョン）という、この神一輪のワンポイントでできているのです。㊅（マルチョン）は、命そのものです。どんなものであっても、命を持っているのですね。

科学の世界では、電子と、陽子と、中性子によって、物質が定義されていますが、本当はもう一つあります。それが、命です。そうでなければ、物質というものは生まれないのですから。子供も同じで、みなさんの気持ち、すなわち命を入れなければできませんよ。子供が欲しいとただ思っていても、だめなのです。

無限の光とは数霊でいうと81となりますが、人間の子供の数霊も、同じ81です。人間は、無限の光といえるのですね。この無限を、昔から日本に伝わる言葉で表すと、八百万《やおよろず》といいます。日本では、八百万の神々といいますね。これは、みなさんのことを意味しているというわけです。みなさんが神であり、仏なのです。

「生命の木」という言葉があります。みなさんがご存知の木であれば、水をあげなければいけません。肥料も必要かもしれないですね。

木には中心と根っこがあるものですが、その根元の部分はなんでしょうか。それは、わかりやすくいうと、元素なのです。私たちは、元素で成り立っています。元素の中心は何かというと、原子です。原子が回転して動くことをもって、素粒子といいます。

現代の物理では、物質の中の小さな世界について色々と調べるようになっていますが、アインソフの世界観の時代、つまり、中世の錬金術の世界では、素粒子のような小さな世界の概念はありませんでしたから、原子までで、この世界を表現していました。

つまり、錬金術が始まった時代というのは、それより小さな世界を表現することが必要でなかったとも言えるのです。なぜなら、これからおこる劇的な変化は、原子の転換だからです。宗教的、もしくは科学的な探求は必要ありません。根源的なものを求めてくださいね。それによって、シンプルな、たった一つのもので表すことができます。そのくらいアインソフは、奥が深いのです。錬金術の、究極の奥義なのですからね。

マルチョンマークの違いについて

○に「ヽ」と、○に「・」という、わずかですが違いのあるマルチョンマークがあります。では、○に「ヽ」のマルチョンについて説明しましょう。このタイプのマルチョンは、動きを表します。このチョンは、勾玉《まがたま》です。

もう一方の「・」のマルチョンは、止まっています。マルチョン「ヽ」は、無限の命の働きと、万物の法則を表す大いなる元、という意味もありますね。

マルチョン「・」は全宇宙と地球、人間と宇宙という表現です。結びと開きともいえます。

このように、両者はちょっと違いますが、科学の話でいえば今後、素粒子の世界を量子顕微鏡のようなものを通して肉眼で見られるようになったら、マルチョンのような形が見られるのではないかと思います。

⊙（マルチョンマーク）は○に点にあらず

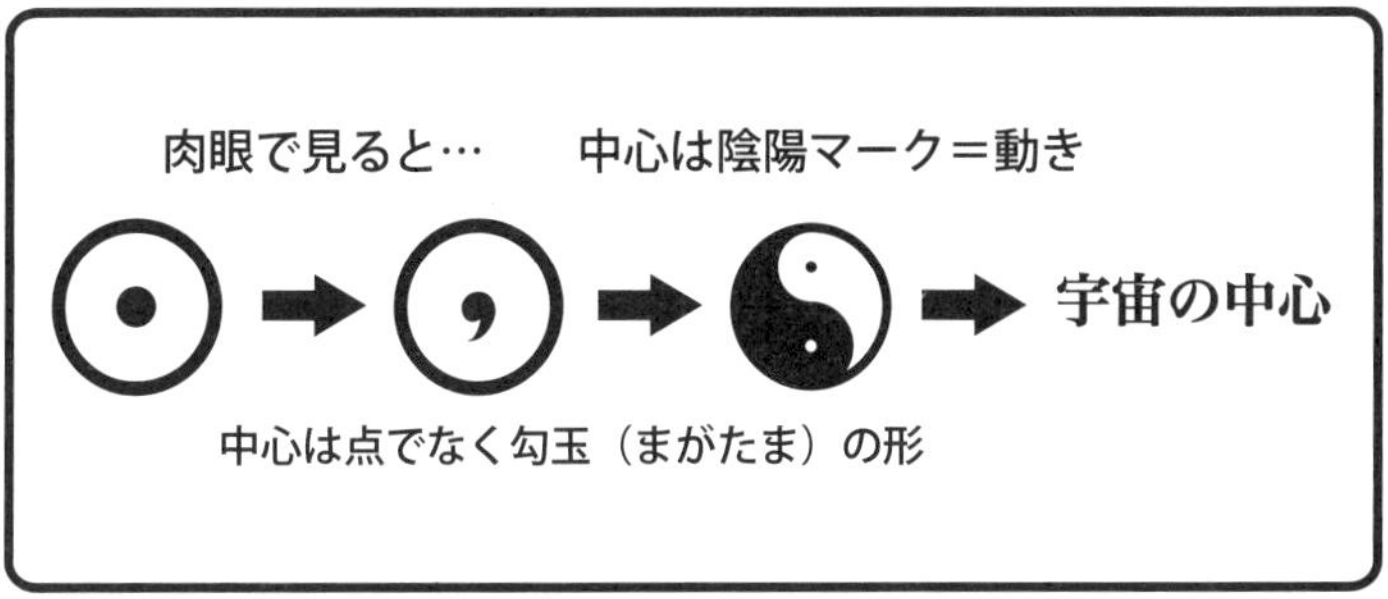

上の図で、陰陽のタオのマークが出てきましたが、モノは一極では生まれませんね。対極がないとモノはできませんから。二元論的なそれぞれの存在は、全部いっしょに進化してきました。

ですから、肉眼でこれらを見られれば、じっと見つめているとそれらのマークの形が変化していることに気づくことでしょう。太陽も一緒です。止まって見えている太陽も、ずっと見ていると、周りが回転しているように見えてきますから。

不都合な真実は未だある

アインソフを紐解くにあたって、マルチョンに行き着くにはまだまだ隠されているものが多くあります。その中でも何が一番重要かというと、遺伝子の中のらせん構造だとか、色々といわれています。染色体の数も、２本ではなくて本来は１２本あったとか……。

しかし、人間の染色体がもともと１２本あったというのは事実ですが、仮に今でも１２本が揃っていたとしたら、私たちはこの肉体を維持できませんからね。

さらに、この地球には重力という制約がありますが、この重力があるからこそ、みなさんの体は今のように保たれているのです。重力がちょっと違っただけで、人間の身長は３メートル、５メートルと、恐竜のようになったり、逆にすごく小さく、小人のようになったりしてしまいます。

今のこの重力があるからこそ、この体型が保てるということなのですね。地球の温度、すなわち気温についても同様です。平均気温があと２℃上がったら、生態系はすべて壊れてしまうでしょう。正確にいうと２．３℃ですね。そうなっただけで、全生命系の８割は消えてしまいます。

サンデープロジェクトという、田原総一郎さんが出演するＴＶ番組で、最近は日本の田舎の方で、過疎化以外にも問題が起きているという情報が出ていました。山間部で、大雨が降ったわけでもないのに山崩れが起きているのです。

こうしたことが、これからは日本に限らず地球規模で起こります。温暖化により南極の氷が溶けると問題があるかどうかと考えた時に、地球全体の水の量は変わらないから問題ないという人がいますが、それは間違いです。

氷が溶けて陸上に溢れた水は、岩に浸透します。固い岩盤の中に水が入りますと、液状化してきます。この問題を、きちんと知らせていません。**南極の氷が溶けても大丈夫ということはないのです。**簡単に説明すると、エアコンの冷却液が無くなってしまうのと同じです。いくら立派なエアコンも、これがないと冷えませんからね。極地の氷にはそのような効果があり、その効果が薄くなってきているということで、みなさんはギリギリのところで生きているのです。


イルミナティの一部のメンバーが、キーポイントとしている西暦が五つほどありますが、中でも２０１６年に注目してください。２０１６年には、地球は完全に水瓶座の時代に突入しています。

そうなると、古代より地中に封印されたエネルギーが、エーテル波として外に出てきます。

しかし、それらが物質としてどのように現れるのかというと、洪水という形なのです。ノアの方舟というお話がありますね。地球の中にある情報を、必要以上に取り出そうとすると、三次元的にはそれらはすべて、水で出現してきてしまうのです。

地球のエネルギーの総体は、決まっています。情報も、エネルギーもです。それらのバランスを変えてはいけません。もし、それらを必要以上に変換させた場合には、バランスを保つために水がやってきます。

イタリア、ダマヌールのタイムトラベラーの実験で言われたりしているのと同じことなのです。ダマヌールでは、30年前に啓示を受けた人物が30人ほどの仲間と神殿を掘り出しました。その後、「人類の神殿」内部の作品が偉大な芸術とされて政府に公認されました。神殿は地下につくられ、美しいいくつもの部屋で構成されているそうです。

人類の神殿の目的は、タイムトラベルです。

タイムトラベルをしたと語る人は、この世から消えた時にその人と同量の水が現れると語っています。どこか別の空間にテレポーテーションする際には、テレポートするのと引き換えに同じ量の水が置き換えられるというものですが、こうやって宇宙はバランスをとっているのです。

では、2016年のあるタイミングで、地球においてそのバランスが取れていなければどうなるかというと、大洪水になってしまうのですね。それは、地球そのものが持つバランス機能といえるのです。

３００人委員会（オリンピアンズ）のメンバーによれば、２０２０年には自分たちの世界ができるだろうと言っています。いわゆる、ワン・ワールドというものですね。新しい世界政府です。宗教や言語をはじめ、医療システム、金融システム、すべてのものが統合されて一つにまとまるということです。

これと同じ内容を言っていた日本人もいます。みなさんご存知の、聖徳太子による未来記ですね。その中でも、２０２０年には地球が新しい時代を迎えるとあります。

では、ワンワールドができた時には、誰が新しい地球の統治者になるのでしょうか。**聖徳太子の未来記ではスメラミコト、すなわち天皇とあります。**西洋ではいわゆるソブリン、ソブリンジアンですね。

また、２０２３年には、惑星が地球に衝突するのではないかと言われています。太陽の裏に、ニビルと呼ばれる惑星があるとされています。しかし、その他にも三つほど、そのニビルに準じるような惑星があります。ニビルに関しては、地球にぶつかることも、太陽に与える影響もほとんどありません。太陽そのものが円盤構造であり、バランスを取るようにできていますからね。

最後の２０２６年は、いよいよポールシフトです。

イベントは本当に起こるのか

さて、このように時間軸を追って見てきましたが、これらはすべて2012年に次元上昇をしなかった場合のシナリオです。このシナリオの背景には、5770年以上前のイルミナティが、五千年、数万年規模で宇宙をとらえて、見出したものということがあります。

過去に、2000年問題（Y2K）というものがありました。あれはなんと、コンピューターができる400年前に予言されていたそうです。

しかし、実際のY2Kというのは、2002年でした。この時は、更なるスーパーコンピューターを作ることでクリアしたのです。半分は、宇宙人が手伝ってということもあったそうです

2013年	（2012年12月22日→23日）
2016年	大洪水ー本格的な水瓶座の時代の到来
2020年	世界のワンワールド化（世界天皇誕生？）
2023年	惑星の衝突　２３の数霊はシリウス…
2026年	ポールシフト　（ニビルか？）

＊それぞれの事象は、それより前の時間軸の事象が起きなければ、起きない。2012年にポールシフトの可能性もある。

が。

　さらにいえば、ノストラダムスの恐怖の大王も実際にはあったのです。この時も、宇宙人が助けてくれました。

今後については宇宙人のサポートはどうかというと、２０１２年までは、基本的には手を出しませんということになっているようですね。２００８年以降、必要な人にはアドバイスをしているということです。

　地球規模というスケールでの干渉は、彼らも２０１２年以降でないとできないようです。それまでの間は、中宇宙である地下政府が面倒を見るということになっています。俗にいう、テロスとかアガルタというものですね。シャンバラというと、もう少し次元が高いですからね。

　では、これらのイベントが実際に起きるのかということを聞いてみました。そうしたら、あると思えばあるし、思わなければこういったことは起きないと言われたのです。非常にあいまいですね。なんていいかげんなんだろうと思いました。

　彼らが言うには、それぞれのイベントは、それ以前の現象が起きなければ起きないということでした。

　例えば、２０２６年のポールシフトは、２０２３年の惑星の衝突がなければ起きないし、その衝突も、２０２０年のワンワールド化が実現しなければ起きないということです。ということは、２０１２年の次元上昇があるかないかで、その後のシナリオが実現に進むかどうかも決まるということですね。

２０１２年問題には、カタストロフィという最終局面の部分と、新しい生命体への進化という部分が共存しているのです。

ここまでのレベルの局面は、今までの地球の歴史にはありませんでした。ポールシフト（地軸の移動）は過去に６回起こっていますし、象徴的な事象も数多くあります。しかし、この２０１２年の変革は、どうもそれらの事象とはレベルが違うということなのですね。

それだけ地球にとって、宇宙にとって、人間にとって、重要なイベントであるということです。ここで、ズバリ言います。２０１２年１２月２３日までの間、マルチョンの意識に向かっていかなければならないのです！

なぜなら、みなさんが生きていく上で向かう場所がわからなければ、何のために今を生きて、２０１２年という次元上昇を迎えることができるのかということなのです。マルチョンは、あらゆる情報の終着点であり、これはまた、ユダヤの説く奥義でもあります。**『汝自身を知れ』というソクラテスのフレーズも、ここから生まれています。**

マルチョンの本質を理解して初めて生まれる言葉なのですね。
すなわち、人生における最後の答えです。ファイナルアンサーなのです（笑）。
マルチョンとは何ですかと聞かれたら、「それは私です」と答えてくださいね。自分の人生は、自分自身が決めるのです。２０１２年までの数年のあいだ、マルチョンに向かうかどうかを選択するのはあなたです。幸せも、不幸も、あなたが創っているのです。電子と陽子のバランスがとれていると、人間は幸せと感じるようになっているのです。

　バランスをとるときには、幸福を感じさせるような物質が脳内で生成されるのですね。人間とは、かくも精密、かつ単純にできています。

　身の回りに起こる事象と、地球に起こる事象は、すべて相似形です。それはつまり、型写しですからね。**引き寄せの法則**というものがありますから、この本を手に取って読んでいるあなたがこの情報を引き寄せたのかもしれませんし、私が引き寄せたのかもしれません。

　アインソフの秘密、すなわち、⊙マルチョンの秘密を知るためなのです。

　さて、私たちが半霊半物質になった後は、どのような生活になるのでしょうか？（笑）

NESARAと地球維新

ＮＥＳＡＲＡという法律が、２０１０年以降、地球規模で広がっていきます。そして、日本経済の崩壊はありません。してはいけないのです。

日本経済が直接影響を与える範囲は、実に世界の４割にものぼります。特にアメリカ経済のうち６割は、日本に依存しているのが現実です。

人口地震も起こりにくくなります。アメリカの戦略で、外資系企業が日本に多く進出してきています。自分たちが進出してきた日本のビルを、自ら地震で壊すようなことはしませんね。

特にアメリカは、日本が助けていかなければならないのです。そういった天命があります。

そして、世界の環境問題のキーは、中国にあります。今後、数年以内でフリーエネルギー機関を広めれば、中国はフリーエネルギー化します。中国は今、科学的な分野での発展を目指しています。中国は、科学大国になるでしょう。その中で、フリーエネルギーをアメリカよりも早く実現していきます。

ＮＥＳＡＲＡという法律が制定されれば、レインボー通貨というものが発行され、世界の基軸通貨となります。

アメリカ経済は、サブプライムローン、住宅ローン問題という規模ではなく、急速に崩壊に向かっています。とはいえ、アメリカ大陸が海に沈んで、レムリアやアトランティス大陸が浮上するなどという話はありませんからね。

イラクで戦争を起こそうとしていますが、これはお金のためなのです。けれども、それを進めれば、第三次世界大戦に発展していきますからね。

上の存在に戦うように仕向けられて、洗脳されていますから、やってしまっているだけなのですね。日本が経済を支えて、中国が環境問題の解決法をいちはやく取り入れ、ＥＵがその活動をサポートしていくようなプロセスで、アメリカも立ち直ることができます。

そのように、新しい世界経済は円滑に運行していきます。９９％のユダヤ人たちのグループだけでなく、１％にも満たない存在、すなわち日本の天皇家、ここが中心になってやっていきます。

ただし、食料問題は必ず起きてきます。人間というものは、減食はある程度対応できますが、不食ということでは、肉体を維持できませんからね。

世界の食糧危機にあっても、日本という国の人達は生き残ります。なぜなら、地中のマグマの活動によって、とても強い気をもらうことができるからです。

それをつま先から取り入れるようなスキル、心構えがあれば、食事は少しでもいいのです。

私は普段、山で生活するときは生活費は一ヶ月5000円も使いませんよ。そのうち3000円は酒代ですからね（笑）。食事は、小さなおにぎり一つと水ですからね。それに塩分です。これで充分なのです。

ですから、イザとなればみなさんもそんなに食費はかからないと思いますね。2008年秋から、みなさんの体は変換していきます。


左の表は、地球の波動と人間の集合意識を、時間軸で表したグラフです。1999年以降、地球の波動は段々と上がってきています。S字型になっているのが、人類の集合意識ですね。ちょうど、2008年の部分で交差しています。

その後の部分が大切です。ちなみに、このグラフはコンセントロジーという学問によって導き出したものです。

これによると、2008年のある時点で、地球の磁場と人間の集合意識が共鳴を起こします。その時期とは2008年秋のあたりで、その後は地球の磁場との共鳴が2

012年まで続きます。

　このとき、肉体的にはいろいろと不調になったり、精神面でも不安定になったりといろいろな現象が起きてくると思います。エネルギーの移行がすんなりいく人といかない人で、ここの部分は大きく違いますし、個人によっていろいろだと思います。

　第一段階として２００８年秋以降、見えない次元の磁場から三次元、つまり、見える世界にエネルギーが移行する際に、さまざまなものが具現化してきます。

　その一つが、**天変地異です**。このときの日本人のもつ磁場が、世界の約７０億人の集合意識の磁場の４１％を動かしていますから、たいへん大きな役割があるといえますね。これも忘れないでおいてください。

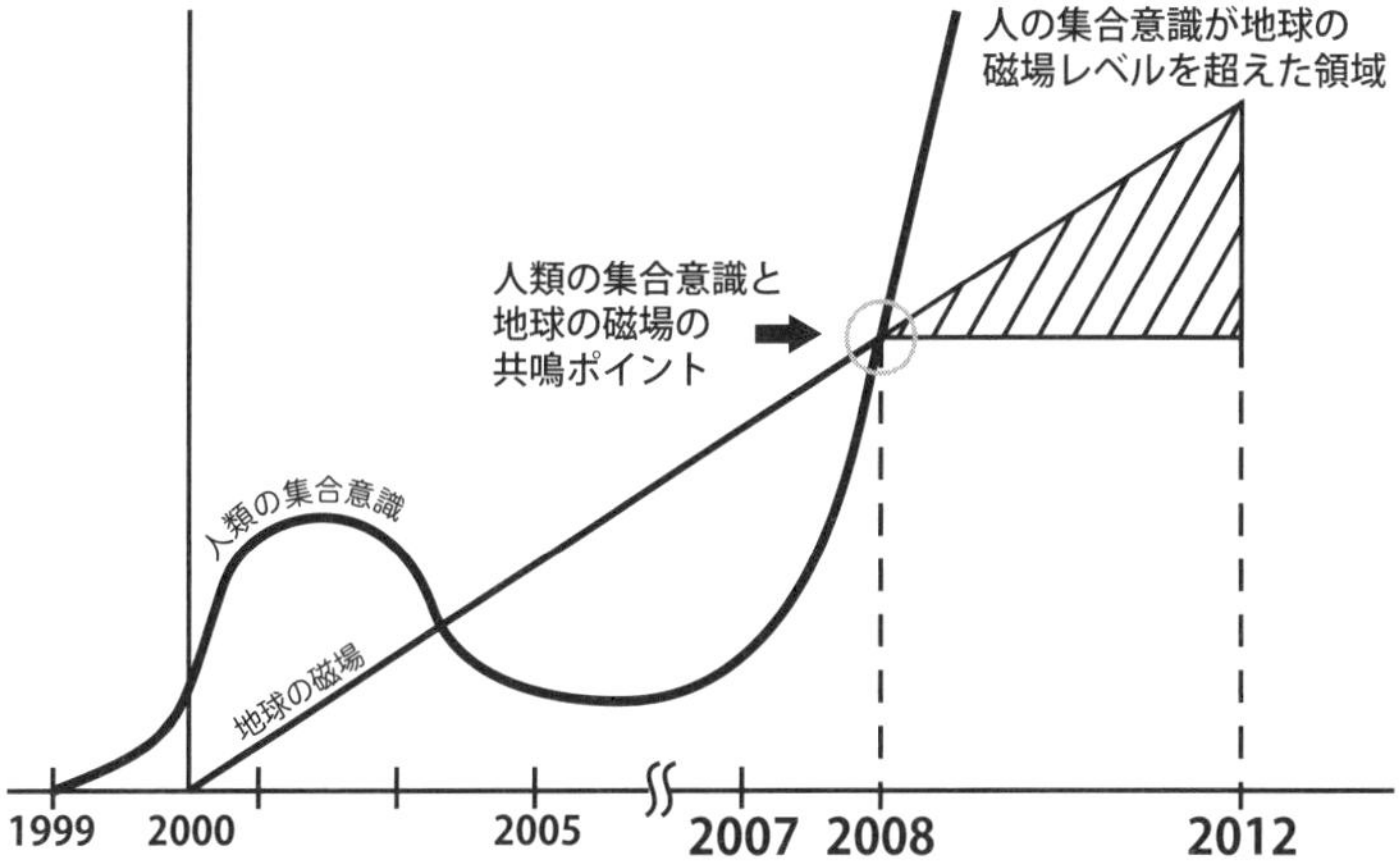

ソクラテスからのメッセージ

［最近、ニュースでの話題に、動物についてのものが多くあります。

しかも、それらの動物ニュースは、国会で大きな法案が話題になったときや、政治スキャンダルが表に出た時など、ビッグニュースと面白いほど連動していることがあります。

ボクシングの亀田兄弟の会見と、横綱の朝青龍がモンゴルから日本に帰って来たタイミングはちょうど同じ日だったのですが、ここにも動物が登場しています。この二人は、同じ動物の毛皮のコートを着ていたというところです。こういう出現のしかたであっても、動物による、ある種のサインと受けとれるのです。

ですから、こういう仕事を誰からも発注を受けずにやっている人がいるのかな？と思ったりするのですが（笑）。

他にも、北海道で白い恋人が問題になり、伊勢では赤福の問題が出ました。伊勢からアマテラスの紅白のお祝いが出ているというわけです。この情報は、岩戸開きの受胎告知に続いて、本格的な出産準備に入ったということだと私はみています。

ミートホープもそうですね。あれはお肉の話ではなく、Meet と Hope、すなわち希望に出会うという意味です。つまり、もうお祝いの花火があがっている状態なのですね。

しかし、この三次元の世界に投影された時は、まったく違うメッセージとなって出てきます。特に、意味が逆転している場合が多いですから、よく注意して見ていて欲しいと思います

2008年は、ターニングポイントの年です。時間も加速していますし、みなさんも実感されていることでしょう。この世の中が多次元世界であるということが、誰の目にも明らかな状況になってきます。

多次元という言葉を聞くと、高次元、つまり七次元、八次元という世界がどこか別の場所にあるとイメージする人が多いかと思いますが、今知っておきたいのは、自分自身が多次元的存在だということです。

これを言葉で正しく表現して、理解するのは非常に難しいですね。また、多次元というものは、無段階なのです。三次元と四次元に境目はなかったのです。その先も、段階はありません。

ですから、これから起きるアセンションについて、まもなく五次元に移行しますよというメッセージもありますが、そんなに生易しいものではないと思います。

では、多次元世界に入るとどうなるのでしょうか。答えは、三次元の世界の意識にかけられたリミッター（制限）が外れるのです。マンガ的に表現すれば、あたりまえの世界だったものがあたりまえでなくなって、ありえなかったような世界があたりまえになってくるということです。

非常に、アメージングな時代に入ってくると思います。

そのきっかけになるのが、コンピューターです。インターネットですね。実は、コンピューターという英単語のつづりを、ある数秘術により数字に変換すると、下の表のように「６６６」になるのです。**聖書に書かれている６６６の数字という**

A 6	B 12	C 18	D 24	E 30	F 36	G 42	H 48	I 54
J 60	K 66	L 72	M 78	N 84	O 90	P 96	Q 102	R 108
S 114	T 120	U 126	V 132	W 138	X 144	Y 150	Z 156	

c o m p u t e r

18 + 90 + 78 + 96 + 126 + 120 + 30 + 108 = 666

のは、コンピューターそのものなんです。

ミロクの世というのは、中央集権型の権力構造ではなく、一般の人達がみんなクモの巣のように張り巡らされた線によって連絡をとりあうことができるという状況で、ピラミッド型の権力構造が完全に崩壊するというものなのです。

それを促すのが、インターネットだと思っています。パソコンを使うときに、マウスを使ってカーソルを動かすところを想像してみてください。そのとき、頭の中であしたいなこうしたいなと思うと、右手が反応して意のままにカーソルを動かして、クリックしますね。

これは、いったいどういうことだと思いますか？　まさにこれが、「666」の世界そのものということです。

聖書によれば、額と右手に666のないものは、売るにも買うにも不便ですよと書いてあります。死ぬとは書いてありません。

つまり、インターネット社会を活用しないと、生活が不便になるよということを表しているのです。

そして、カトリック教会というのはピラミッド型ですから、ミロクの世界をもっとも恐れているわけです。だから、ネットなどを使うのをやめましょうといっているのです。

コンピューターの世界は、すでに大変な領域に入っています。なにげなくマウスを動かして操作してますが、これはユビキタスの初期段階ですから、この時点でものすごい出来事なのです。ユビキタス社会の到来です。

すなわち、「思考即現実化」の世界です。思ったことがすべて現実になる世界が、ユビキタス社会ですからね。そのユビキタス社会をサポートするために、あらゆる科学技術が、本来の目的とは別の意味で作られているのです。

ソフトやパソコンのメーカーは、そのツールを使って事務仕事を効率的にしようと開発していますが、本当の目的は知らされていなかったのです。

それらはすべて、ユビキタス化のためにやっていたのですね。この事実はすごいと思いませんか?

では、その思考即現実化の世界が来るということを言い換えてみると、思っていることが何でも現実化するのですから、欲しいものは何でも手に入るし、どんな自分にもなれるということです。

これが、本当のユビキタス。私は○○だからこれはできないとか、限定することはなくなりますね。

例えば、今はひきこもり問題だとか、授業に出ない子供が増えていると聞きますが、そんな時こそブロードバンドを使って、最高レベルの先生の授業を、どこからでも、いつでも、誰でも、受けられるようにすればいいのですよ。学校もいりません。夜中の2時でも起きていて、算数の問題を解いてしまう。そうなってくると、物理的に会社に行ったり、学校に行ったりという作業がいらなくなってくるのですね。

そして、多次元を認知するようになってくると、個人個人の直感力も鋭くなってきますから、これまでうやうやしく扱われてきた神事的なものの価値が、相対的に下がります。

つまり、独立個人として明確な意思を持つ人が増えていきますので、神事的な文章や啓示も含めて、価値が下がっていくのです。

要するに、人間そのものがそれぞれ神様の領域に近づいていくのですから、今までだったらありがたく読んでいたどこかのお告げの言葉が、もはや自分の口から発せらそうに感じたりするようになってくる。神様と自分の境目もなくなってくる。そういうことです。

神の啓示を直接受ける人は、これからもっと多くなります。そして面白いのは、神のメッセージというのは、時間という概念が違うのです。神さまには、過去も未来もないですからね。

ですから、そういったメッセージも現代語で降りてきます。歴史的かなづかいとか古文みたいな言葉使いなんてしませんよ（笑）。今を生きる人間は中今ですからね。神様も中今なんですよ。今使っている言葉で、リアルタイムに降りてきますからね。

それに触れた人も一瞬、神の啓示だとは気づかないかもしれませんね。それに気づかせるために、あえて特別な言葉使いで伝えようとするものも出てくるかもしれませんが。

逆に、ものすごくポップな文章でくるかもしれない。いずれにしても、問題は内容です。**つまり神様というのは、中今《ナカイマ》の超リアルタイムな存在ということです。**自分が神と同一の存在ならば、自分自身の言葉としてメッセージが出てくるのです。インターネットでも、そういったものがいろいろと出てくるでしょうから、これからが楽しみです。

私の主催する会で講演をする先生も、多くおられます。先生方に共通しているのは、その情報を伝えることによって、それぞれが独立個人として確立していってほしいとおっしゃっていることです。扱っている内容こそ違えど、根本は同じということがわかります。

私は、「これからアセンションします」ということは言いません。なぜなら、アセンションというものがどういうものなのかを、明確にお伝えしていないからです。「光の存在になります」ということも言いません。光が一体なんなのかを定義していないからです。「これから愛にあふれます」というのも同じです。愛とは何かということが、具体的になっていないからです。抽象的なものを並べると、それらしく見えるということがあるのですが、一つの言葉についてこれは何ですかと言ったときに、説明できないことになりますからね。

光については、それと対照に闇があってということならば、究極的に求めるものではなく、もっと上に求めるものがあるということだと私は思っています。無という言葉も同じです。有があるから、無があるわけですからね。無だけが存在しているものがあったとすれば、それは無とは呼びません。

しかし、それを表現する言葉というのは、この世にないのです。有でもなく無でもないもの……、そのような言葉はありません。それが、もしかするとアインソフかもしれません。

アセンションは、病気と同じです。家族や友達であっても代わってあげられないのです。あの子、アセンションできそうもないから、わたしが代わりに……ということはできません。ですから、非常に個人的なイベントになると思います。

そして、色々な情報もやってきます。例えば、あれがいいよだとかあれはダメだよなどという噂が耳に入ってきたとしたら、それはどちらも一緒なのです。その情報をどう見るかによって、感じ方が違うだけですから。ですから、自分自身をどこに置くかということが非常に大切になってきます。

それと、身近なシンクロニシティというものが多く起こります。例えば、今まで一度も見たことのない漢字を、一日のうちに別の場所で三度も見ることがあったりします。これを、シンクロニシティといいます。

しかし、車のナンバーは最近自由に選べますから、同じ番号を見たということだけでは、シンクロ率としては落ちてきてます（笑）。

ですから、身近なシンクロニシティに一喜一憂するのではなく、もっとその奥にある自分自身の宇宙を感じて、引き出してくださいね。

自分が今、ここに存在するのが、スーパーシンクロニシティであるということですから。

２００８年の意味（汝自身を知れ）

２００８年は、二つの無限が重なる年です。永遠循環の８に入っていくという意味があります。精子の永遠循環と、卵子の永遠循環、この二つが一つにまとまった宇宙循環をつくる、これを数字で表したものが、２００８なのです。

多次元に入りますから、今まで夢の中とかイマジネーションでしか見ていなかったことが、自分の意思で、リモートビューイング（遠隔透視）であったり、直感できたりということが日常に現れてくる世界になります。

まさにこれは、「寝ずに見る」ねずみ年ということです。非常にスピリットな年ですから、私は何か起こるのじゃないかと予定を空けています。

さて私は、執筆する時や、講演の時は、普段と意識状態がまったく違います。変わる時には瞬間的に変わり、そして何も考えず、ただひたすらチクワになります。管と書いてチクワ、天と地の管になって生きようということです。

そうやって、すべてを解き放った時に、面白い出会いやアイディアがくるのではないかと、かなり楽観的に考えています。

私、澤野大樹は、10年間にわたる白峰先生の講演会を通じて、自分の過去世が明治維新で活躍した白峰駿馬だと知り、また、ある霊能者には上田秋成（雨月物語作者）であったと言われました。今、アセンションという物語を、白峰先生を通じて再現することができ、とても嬉しく思っています」

多次元社会と2012年以降の世界

さて、2012年以降の地球ですが、隕石がぶつかるとか、ポールシフト、大洪水などのカタストロフはありません。

あるとすれば、東南海地震と、食料危機くらいです。自民党が民主党に変わっても、「晴れてよし、曇りてもよし、富士の山」ということで、富士山はまったく影響を受けません。

半霊半物質になるのは、2012年から、4年という年月をかけて徐々に変化していくことになります。肉体の変容というのは、意識磁場の変化から起こります。

そして、残るのは全人口の3割くらいです。この人たちが、次の時代にシフトします。地球そのものは、惑星連合に入ります。太陽系の宇宙存在と、完全にリンクして外交を結んで生きていきます。

明治維新の次は、地球維新ですね。 宇宙と地中から、存在がやってきます。それを受け入れるための システム崩壊が、2012年までの間で、環境の変化とともに起きてきます。ハリウッドのでも、SF映画に出てくる宇宙人はタコみたいなおぞましいものでなく、光の存在として登場してきます。そして、我々の先祖ですよとか言うのです。

地球の文明は、火星と月の存在が誘導していきます。新しい地球には、肉体を持っては住めませんからね。

火星は、地球でできなかったミロクの世を実現する星です。火星の地下には古代都市があり、人間も住めます。ですから、肉体をもって生き残った人は最後の学習をすべく、火星に移住するのです。

その次は金星です。地球への帰還はもっと先になります。しかも、戻るのはごく一部の人間です。戻った後は、空と、海と、地底で生活します。

地球もクリスタル化してきますから、底が見えるようになってきます。最終的に、五次元でなく八次元まで上昇しますね。

しかし、そうなった場合はもうほとんど地球には残りません。火星から金星に移った人は、そのままプレアデス星やシリウス星、オリオンの星々に帰っていきます。帰還命令がくるのですね。

その頃の地球には、もはや貨幣経済もエネルギーシステムも存在しません。貴族制という身分制度になります。現在の貴族という制度ではなく、その人のもつ波長やオーラによって住む場所が違うようになります。

そして、もう隠し事はできません。それに、地球から外に出るには許可が必要になります。最終的には、シリウスが関所になって、外宇宙に出るか出ないかを決めます。金星から来た人であっても、金星には戻れません。金星は、この辺ではもっとも進んだ星ですが、進化が止まっています。

火星では、やり残したことをやれますからね。火星をテラフォーミングで地球のようにする計画もありますから。

月は、高度なテクノロジーを持った星ですから、火星の近くに移動します。すなわち月は、人工衛星であるということです。

しかし、火星を地球化するには月が必要不可欠なのです。これが、宇月物語です(笑)。これは宇宙人の友人が教えてくれました。

自分達がしたい生き方を望めば、叶うということが特権としてあるのです。植物の世界や、天使の世界というのもありますからね。自ら決めるということが、重要になるのです。自分が何であるか、どうあるかということを意識しなければ、次のスタートは始まりません。新しい地球には、肉体を持っては住めませんからね。

地球の海の、そのオーラの色は、これからグリーンに輝きます。陸は、黄金になります。今、日本人として生まれているということは、歴史の総決算ですからね。日本はそれでいて、環境が一番良いと思います。日本列島は、沈没しません。

私は結界を張ってはいませんが、ピラミッドを動かすことはやっています。日本列島には、龍脈というピラミッドがたくさんあります。ピラミッドを動かすこと、すなわち〇にチョンとするマルチョンは、地球のピラミッドを動かすことなのです。

物理学者で、生体エネルギーに関する機械の発明をされた、神坂新太郎さんという方がいらっしゃいますが、2007年にお亡くなりになりました。

神坂さんはこう言ってらっしゃいました。日本は宇宙から見ると、黄金の龍体で囲まれていると。その黄金の龍体の中に、スカイブルーのプラズマエネルギーが充満しているそうです。このような状態にあるのは、地球上でも日本しかないとのこと。

意外と思うかもしれませんが、日本がそのような状態だから、南極と北極の氷も溶けにくいというわけです。ポールシフトしなくてもいいように、地球の調整は済んでいるから大丈夫だと神坂さんは言っていました。

そして、同化と融合する時代となったそうです。エネルギーのスキマがなくなるそうです。男性と女性、人間関係、社会とさまざまなものが同化します。それが、プラズマ的なエネルギーであり、プラズマの同化作用というものがある、それがある一定

のレベルにまで達すると、地球規模での同化が瞬時に起こるのだそうです。

それが、アセンションではないかということでした。

アセンション後は、ついにテロスが現れます。テロスの住人が、地上の住人になります。我々は、上にいくか、下にいくかという道を辿ります。

アインソフ・永遠の中今に生きてこそ

今という時間を精一杯生きるということが肝心です。今、今、今の連続ですからね。

この意識を習慣にしていくと、人生そのものが変わってきます。

現代の人々は、ある種の洗脳状態に陥っています。病気になれば薬を飲まなくてはいけないという思いこみなど、すべて有限の中で生きているのです。

その洗脳を外すこと、中今に生きることで、誰にでも明るい未来があるのです。

「認めただけが世界であり、肯定しただけが自分である　そして自分が世界である」

時元上昇2012年とは与えられるものでなく自らの努力で認識して地球、社会、家族、そして自分自身の中にある「命の響き」を大切にすることによりすべてが変わってきます。アインソフ、それは常に神とともにある自己認識における永遠の中今を生きるという㊉（ワンネス）からのメッセージであることを忘れずに。

（完）

ＬＯＨＡＳの神髄とは

２０１２年！　地球と人類の大変革を（アセンション※時元上昇というテーマで）自由自在に書かせていただいた（誤字も多く主語と述語もおかしくして）。

やっと１０万人以上の人にこの情報が伝達され、地球環境と共鳴して、今ここに２００８年の秋を迎えた。風水師として三年前に提案した地球環境会議がサミットとして成立し、中国のオリンピックも開催された。

マヤ族の長老が集まり、地球の環境危機を語り、自らは「アトランティスの末裔」と名乗り、世界主要国はＵＦＯの存在を公式に認め、世界規模で縄文意識が「ＬＯＨＡＳ」という名称にて生活と環境が一体化した。

普通の主婦がデイトレでＦＸをやり、退屈しのぎに宇宙情報を聞きに来る（笑）。

食糧危機だからこそ農業の再生があり、地球環境の変化ゆえ人類は社会や地球、そして宇宙へ意識が動く（二つの太陽、木星の太陽化計画など）。

『２０１２年からスタートする地球規模のドラマは、とりあえず２０２０年まで上映予定』

このドラマを映画館で見なくてもＤＶＤやＴＶで放送され、そして必ず地球人類全員へのメッセージが届くでしょう！

されど、自宅にＴＶも無く、映画にも地球の未来にも一切興味のない方はこの辺で（笑）人生の終焉を迎えるかもしれない。

神仏は人を助けず見守っている！　されど人が神仏と一体になった時こそそこに無限の可能性が表現できる。

「アインソフ」とは、（ヽ）創造主からの地球人類へのメッセージである！

それは、ただ一つの暗号「中今《なかいま》」から始まり「悠天《ゆうてん》」を以て完了する。

中今に生きて悠天に至れ

行蔵は我にあり

白峰拝

白　峰

— 中今悠天 —

（中今に生きて悠天に至れ）

※中今とは過去・現在・未来にとらわれず、今この瞬間を精一杯生きる事（悠天とは雄大なる大宇宙を表現せり）。
永遠の過去と未来の中間にある今、当世を最良の世としてほめる語（遠皇祖の御世を始めて～/ 続紀神一亀一宣命）

国家鎮護と万世一系の弥栄を願う皇道思想家日本百名山を徒歩にて日本国再生の為、千日間にわたり登山、修行した。

平成元年より白峰として活躍。天啓により名を**中今悠天**と改める。

続《ぞく》　2012年《ねん》
地球人類《ちきゅうじんるい》進化《しんか》論《ろん》

白峰《しらみね》（NAKAIMA）

明窓出版

平成二十年十月十日初刷発行
発行者 ―― 増本　利博
発行所 ―― 明窓出版株式会社
〒一六四―〇〇一二
東京都中野区本町六―二七―一三
電話　（〇三）三三八〇―八三〇三
ＦＡＸ（〇三）三三八〇―六四二四
振替　〇〇一六〇―一―一九二七六六
印刷所 ―― 株式会社　シナノ

ISBN978-4-89634-243-7
ホームページ http://meisou.com

地球大改革と世界の盟主

～フォトン＆アセンション＆ミロクの世～

白峰由鵬（謎の風水師N氏）

今の世の中あらゆる分野で、進化と成長が止まっているように見える。

されど芥川竜之介の小説「蜘蛛の糸」ではないけれど、一本の光の糸が今、地球人類に降ろされている。
それは科学者の世界では、フォトン・ベルトの影響と呼ばれ、それは宗教家の世界では、千年王国とかミロクの世と呼ばれ、それは精神世界では、アセンション（次元上昇）と呼ばれている。

そしてそれらは、宇宙、特に太陽フレア（太陽の大気にあたるコロナで起きる爆発現象）や火星大接近、そしてニビルとして人類の前に問題を投げかけてきて、その現象として地球の大異変（環境問題）が取り上げられている。

ＮＡＳＡとニビル情報／ニビルが人類に与えた問題／ニビルの真相とその役割／フォトンエネルギーを発達させた地球自身の意思とは／現実ただ今の地球とは／予言されていた二十一世紀の真実のドラマ／人類の未来を予言するサイクロトン共振理論／未来小説（他重要情報多数）　定価1000円

善も悪もなく
地球人の人生は
経験と学びの観点から
すべてが許されている